もうできないなんて言わせない

韓国語

初級から中級編

金秀晶 ・ 朴鍾厚 著

白帝社

音声と模範解答ダウンロードサービスについて

■ 本書の音声ファイル(MP3)を無料でダウンロードすることができます。
「白帝社 もうできないなんて言わせない韓国語 音声」で検索、または以下の音声一覧ページにアクセスしてください。

https://www.hakuteisha.co.jp/news/n51717.html

● 本文中の 🔊 00 マークの箇所が音声ファイル(MP3)提供箇所です。PCやスマートフォンなどにダウンロードしてご利用ください。

＊デジタルオーディオプレーヤーやスマートフォンに転送して聞く場合は、各製品の取り扱い説明書やヘルプ機能によってください。

＊各機器と再生ソフトに関する技術的なご質問は、各メーカーにお願いいたします。

＊本書と音声は著作権法で保護されています。

■ 本書の本文の模範解答をPDFでダウンロードしてご利用いただけます。
「白帝社 もうできないなんて言わせない韓国語 PDF」で検索、または以下のページにアクセスしてください。

https://www.hakuteisha.co.jp/news/n51718.html

まえがき

　韓国語は日本語と類似しているため日本人にとって学習を始めやすい言語だとされています。しかし、多くの場合初級の段階で力が尽き、なかなか上のレベルに上がれないのが現状です。折角韓国語を習おうとしたのに入門や初級のレベルに留まってしまうのはもったいないですね。このテキストを作るのにあたっては、入門や初級の韓国語学習者の皆様がなるべくより高いレベルに到達できればと思い、様々な言語教育・学習方法が反映されるように工夫しました。

　『もうできないなんて言わせない韓国語　初級から中級編』は、韓国語中級Ⅰまでを目標とする学習者のためのものです。そのため、教材構成の中でハングルの習得や発音練習などの入門レベルの学習部分を最小化し、「国際通用韓国語標準教育課程」の初級(1級〜2級)と中級Ⅰ(3級)の語彙や文法項目を取り入れました。

　文法項目に対する詳細な解説はもちろん、その用法を豊富な例文と共に一目瞭然に提示したのが本書の特長の一つでもあります。また言語の4技能が十分身に付くように様々な練習問題や課題も設けています。

　さらに、韓国語学習者の自己主導型学習のために付録として用言の活用表、聴解のスクリプトと語彙リストを添付し、本文の会話と聴解問題の録音ファイルや練習問題の模範解答も出版社のホームページからQRコードでダウンロードできるようにしました。

　本書は全16課(ハングルの習得などの入門除く)となっており、各課は基本的に「本文－単語及び表現－発音－文法解説－練習－活動(会話・読解・聴解・作文など)」で構成されています。

　このテキストは、中級Ⅰまでを目指している学習者の自己主導型学習だけではなく、日本の大学教育機関の授業の中でも使用するように設けています。1回100分授業を基準とした場合、文字と発音の入門レベル(3-4回)、初級Ⅰ(1課〜6課)、初級Ⅱ(7課〜12課)、中級Ⅰ(13課〜16課)など1課あたり3-4回の授業で、計100時間程度で全課を終わらせることができるように構成しました。

2023年　春

金秀晶・朴鍾厚

授業要目

	タイトル	課題	文法	活動
第1課	안녕하세요? 다나카 리나입니다.	自己紹介をしてみよう。	1. 名+은/는 2. 名+입니다 3. 簡単なあいさつ言葉	▶ 읽기/말하기 ▶ 듣기/말하기
第2課	이것은 무엇입니까?	周りの気になるものを尋ねてみよう。	1. 名+이/가 아니다 2. 指示代名詞 이것, 그것, 저것	▶ 쓰기/말하기 ▶ 듣기 ▶ 말하기
第3課	숟가락과 젓가락은 어디에 있습니까?	位置を話してみよう。	1. 「합니다」体 –습니다/ ㅂ니다 2. 무슨 名 3. 対等接続助詞 과/와 4. 位置名詞	▶ 읽기/말하기 ▶ 듣기/말하기
第4課	기념품을 사고 싶어요.	自分の願望を話してみよう。	1. 「해요」体 2. 希望形 –고 싶다 3. 丁寧な命令 –으세요/ 세요 4. 固有数詞 5. 固有数詞+単位名詞	▶ 읽기/말하기 ▶ 듣기 ▶ 말하기
第5課	호텔에서 한옥마을까지 멉니까?	否定形を使って話してみよう。	1. 「ㄹ」変則用言 2. 勧誘形 –을까요/ㄹ까요?(1) 3. 否定形 4. 漢数詞と単位名詞	▶ 읽기/쓰기 ▶ 듣기
第6課	어제는 너무 피곤했어요.	過去のことを話してみよう。	1. 過去形 2. 「ㅂ」変則用言 3. 順接 –고 4. 未来・意思 –을/ㄹ 것이다(1)	▶ 말하기 ▶ 듣기
第7課	지금은 날씨가 좋지만 오후에는 비가 와요.	天気の話をしてみよう。	1. 背景知識・前提 –는데, –은데/ㄴ데 2. 相手の意向 –을래요/ㄹ래요? 3. 逆接 –지만 4. 「ㄷ」変則用言	▶ 읽기 ▶ 듣기
第8課	주말에 캠프 가는데 같이 갑시다.	友達を誘ってみよう。	1. 尊敬 –으시/시– 2. 原因・理由 –어서/아서/여서(1) 3. 動詞の現在連体形 –는 4. 勧誘表現 –읍시다/ㅂ시다	▶ 쓰기/말하기 ▶ 듣기

第9課	교환학생으로 일본에 가게 됐어요.	友達と電話で話してみよう。	1. 反応誘導 −는데요, −은데요/ㄴ데요 2. 名+으로/로 3. 授与動作 −어/아/여 주다 4. 状況変化の結果 −게 되다	▶ 읽기/말하기 ▶ 듣기
第10課	시차가 있으니까 연락이 쉽지 않을 거예요.	人にアドバイスをしてみよう。	1. 確認・同意の要求 −지요? 2. 理由 −으니까/니까 3. 可能形 −을 수 있다[없다] 4. 話者の判断 −을/ㄹ 것이다⑵	▶ 읽기 ▶ 말하기 ▶ 듣기/말하기
第11課	여권 사진은 흰옷 입고 찍으면 안 돼요.	旅行準備の話をしてみよう。	1. 進行形 −고 있다 2. 移動の目的 −으러/러 가다 3. 形容詞の連体形 −은 4. 禁止 −으면/면 안 되다	▶ 읽기/말하기 ▶ 듣기
第12課	반려동물을 키울 수 있는 집을 원해요.	住みたい住宅について説明してみよう。	1. 「ㅅ」変則用言 2. 動詞の過去連体形 −은/ㄴ 3. 先行動作 −어서/아서/여서⑵ 4. 「으」変則用言	▶ 듣기/쓰기 ▶ 읽기 ▶ 말하기
第13課	설탕을 너무 많이 넣지 마세요.	料理の話をしてみよう。	1. 試み −어/아/여 보다 2. 同時動作 −으면서/면서 3. 方法 −는 법 4. 否定命令 −지 말다	▶ 읽기/말하기 ▶ 듣기/말하기
第14課	일본 친구들 취향을 잘 몰라요.	自分の好みについて話してみよう。	1. 「르」変則用言 2. 未来連体形 −을/ㄹ 3. 時点 −을/ㄹ 때 4. 傾向性 −는 편이다, −은/ㄴ 편이다	▶ 읽기/말하기 ▶ 듣기/쓰
第15課	이것저것 준비해야 할 게 많이 있어요.	買い物に誘ってみよう。	1. 意図 −으려고/려고 하다 2. 動作の前後 −기 전에 3. 当為・義務 −어야/아야/여야 하다 4. 経験の有無 −은/ㄴ 적이 있다[없다]	▶ 읽기/말하기 ▶ 듣기
第16課	"회복까지 5개월 정도 걸려요"라고 대답하셨어요.	他人との会話をそのまま伝えましょう。	1. 直接話法(引用) 2. 「ㅎ」変則用言 3. 先行動作の完了 −은/ㄴ 후에 4. 状態の変化 −어지다/아지다/여지다	▶ 읽기/말하기 ▶ 말하기

目次

もうできないなんて
言わせない

韓国語

初級から中級編

予備編1：単母音(字)と子音(字)

1. 単母音(字)： ㅏ ㅓ ㅗ ㅜ ㅐ ㅔ ㅡ ㅣ

◀)) 02 ❶ 単母音の発音練習：아 어 오 우 애 에 으 이

	発音記号	発音の要領
ㅏ	[a]	日本語の「あ」と同じように発音して良い。
ㅓ	[ɔ]	日本語の「お」よりも口を大きく開く。力を抜く。
ㅗ	[o]	日本語の「お」よりも口を丸く、前に突き出して、すぼめる。
ㅜ	[u]	日本語の「う」よりも口を丸く、前に突き出して、すぼめる。
ㅐ	[ɛ]	現在は韓国人も区別していない人が多い。日本語の「え」と同じように発音して良い。
ㅔ	[e]	
ㅡ	[ɯ]	日本語の「う」と似ているが、唇を前に突き出さないこと。
ㅣ	[i]	日本語の「い」と同じように発音して良い。

❷ 日本語と韓国語の単母音の比較

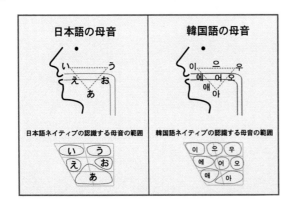

✔ 日本語ネイティブスピーカーにとっての発音の課題は「う」と「お」、つまり「ㅜ・ㅡ」と「ㅓ・ㅗ」の区別です。これらをしっかり練習しましょう。

◀)) 03 ❸ 単語の読み練習

| 아이 | 오이 | 으아 | 어이 | 아어 |
| 오우 | 오아 | 에이 | 우애 | 아우 |

2. 子音(字)1： ㄱ ㄴ ㄷ ㄹ ㅁ ㅂ ㅅ ㅇ ㅈ ㅎ

解説 韓国語は子音のみでは発音できません。母音を組み合わせてはじめて発音することができます。

❶ 発声しながら書いてみよう。

	ㅏ	ㅓ	ㅗ	ㅜ	ㅐ	ㅔ	ㅡ	ㅣ
ㄱ	가		고					
ㄴ								니
ㄷ					대			
ㄹ							르	
ㅁ		머						
ㅂ				부				
ㅅ						세		
ㅇ								이
ㅈ	자							
ㅎ					해			

＊「ㄱ」の場合、母音字の位置によって横なら「가」のようにななめに下したり、縦なら「고」のように垂直に下したりします。

＊「ㅅ」と「ㅈ」の場合、「ㅅ」や「ㅈ」のように書いてもいいです。

가구	고기	거기	가게
아기	나이	누이	누나
누구	어느	어디	도구
구두	대기	라디오	가로
나라	다리	무기	모두
머리	어머니	아마	도레미
개미	배우	보수	부모
비누	바보	두부	보리
시기	수도	다시	세로
서로	지구	바지	저기
아버지	부자	수저	모자
오후	허리	하수구	호수
흐르다	그리고	그러므로	새해
내리다	헤어지다	디즈니	노래
데리고	고르시오	네 개	조사
노루	너무	레이스	소매
주스	더러	허브	에서
으하하	이모	히히	어제

予備編2：二重母音(字)と平音・激音・濃音

1. | 二重母音(字)： ㅑ ㅕ ㅛ ㅠ ㅒ ㅖ ㅘ ㅝ ㅙ ㅞ ㅚ ㅟ ㅢ

🔊 05 ❶ 二重母音(字)の種類

① y-系二重母音(字)：[ㅣ]から発音して別の母音で終わらせる母音

이+아 → **야**　　　　　이+어 → **여**　　　　　이+오 → **요**

이+우 → **유**　　　　　이+애 → **얘**　　　　　이+에 → **예**

🗣 発音のコツ：現在は韓国人も「얘・예」の区別をしていません。同じ発音で構いません。

② w-系二重母音(字)：[ㅗ/ㅜ]から発音して別の母音で終わらせる母音

오+아 → **와**　　　　　오+이 → **외**　　　　　오+애 → **왜**

우+에 → **웨**　　　　　우+어 → **워**　　　　　우+이 → **위**

🗣 発音のコツ：現在は韓国人も「왜・웨・외」の区別をしていません。同じ発音で構いません。

③ 例外的な二重母音(字)：으+이 → **의**

☆単母音と二重母音のまとめ☆

	単母音	ㅏ	ㅓ	ㅗ	ㅜ	ㅐ	ㅔ	ㅡ	ㅣ
二重母音	y-系 [ㅣ]	야	여	요	유	얘	예	의	
	w-系 [오/우]	와	워			왜	웨	외	위

🗣 発音のコツ：쟈/져/죠/쥬/졔/쟤の場合は単母音の자/저/조/주/제/재と同じ発音になる。

❷ 単語の読み練習

야구	여가	요리	우유
얘기	예의	이야기	여유
교수	휴지	개	외우다
화가	웨이터	후회	뒤
괴리	의사	의리	교회
위기	휴가	효도	왜
여자	귀	쇠	과자
돼지	유도	쥐	와요

---

2. | 子音(字)2 : ㅋ ㅌ ㅍ ㅊ ㄲ ㄸ ㅃ ㅆ ㅉ |

🔊 07 ☆まずは、韓国語の平音からしっかり発音してみよう。

＊平音とは強い息を伴わない音で、単語の頭では濁らない音で語中では濁って有声音になる。これは「有声音化」いう。

ㄱ	가	거	고	구	개	게	그	기
ㄷ	다	더	도	두	대	데	드	디
ㅂ	바	버	보	부	배	베	브	비
ㅅ	사	서	소	수	새	세	스	시
ㅈ	자	저	조	주	재	제	즈	지

🔊 08 ❶ 激音：激音とは、激しい空気の流れを伴う音で、常に無声音、つまり濁らない音です。

ㄱ ⇨ ㅋ	카	커	코	쿠	캐	케	크	키
ㄷ ⇨ ㅌ	타	터	토	투	태	테	트	티
ㅂ ⇨ ㅍ	파	퍼	포	푸	패	페	프	피
ㅈ ⇨ ㅊ	차	처	초	추	채	체	초	최

👆 発音のコツ：平音と同じく発音する。ただし、肺を使う気持ちで息を強く出す。

🔊 09 ❷ 濃音：濃音とは、<u>息を伴わず</u>、当該の**発声器官**を**著しく緊張**させて出す音で、これも常に無声音、つまり濁らない音です。

ㄱ ⇨ ㄲ	까	꺼	꼬	꾸	깨	께	끄	끼
ㄷ ⇨ ㄸ	따	떠	또	뚜	때	떼	뜨	띠
ㅂ ⇨ ㅃ	빠	뻐	뽀	뿌	빼	뻬	쁘	삐
ㅅ ⇨ ㅆ	싸	써	쏘	쑤	쌔	쎄	쓰	씨
ㅈ ⇨ ㅉ	짜	쩌	쪼	쭈	째	쩨	쯔	찌

発音のコツ：平音が作られる部位の筋肉を緊張させ、発音する。その時、息は外に出さないように。母音のトーンを上げることでより簡単に発音できる。

☆平音・濃音・激音の対立☆

日本語では、ほぼ同じ音として認識されますが、韓国語では別の音として認識されます。そのため、これらが区別できるかは韓国語の学習においてとても大事です。

비(雨)：피(血)　　시(詞)：씨(種)　　가래(痰)：카레(カレー)

🔊 10 ❸ 発音練習

가 —— 까 —— 카

다 —— 따 —— 타

바 —— 빠 —— 파

사 —— 싸

자 —— 짜 —— 차

🔊 11 ❹ 単語の読み練習

가다 — 까다　　　가치 — 까치　　　다르다 — 따르다

타다 — 따다　　　바르다 — 빠르다　　피다 — 삐다

바다 — 파다　　　사다 — 싸다　　　자다 — 차다 — 짜다

予備編**3**：終声とパッチム

終声とパッチム

解説 終声とは音節の最後に現れる**子音**で、パッチムはその終声を表す文字のことをいう。終声の発音の仕方により、**閉鎖音、鼻音、流音**に分けることができる。終声にくることができる**音**は以下の表の**7**つしかない。

❶ 韓国語の7つの終声

	閉鎖音[っ]	鼻音[ん]	流音[r/l]
口の奥	ㄱ	ㅇ	
舌と歯	ㄷ	ㄴ	ㄹ
両唇	ㅂ	ㅁ	

☆閉鎖音のパッチムには複数の表記があるが、実際のパッチムの発音は7つに収斂される。

文字	音
ㄱ ㄲ ㅋ	[ㄱ]
ㄴ	[ㄴ]
ㄷ ㅅ ㅆ ㅈ ㅊ ㅌ ㅎ	[ㄷ]
ㄹ	[ㄹ]
ㅁ	[ㅁ]
ㅂ ㅍ	[ㅂ]
ㅇ	[ㅇ]

❷ 単語の読み練習

각	밖	국	도덕	부엌
강	방	종	탕	공항
닫다	듣다	있다	낮	닻
벚꽃	솥	끝	히읗	
눈	언니	한국	돈	문
밥	잎	답	법	집
밤	봄	김치	감	김
말	절	물	길	딸기

❸ 2文字のパッチム：左か右、どちらか1つを発音します。

🔊 13 ⑴ ほとんど**左の方の子音**を発音します。

ㄳ　ㄵ　ㄶ　ㄼ　ㄽ　ㄾ　ㅀ　ㅄ

例：몫　앉다　않는　여덟　외곬　핥다　잃다　값

🔊 14 ⑵ 右の子音が発音されるケースは3つのみです。

ㄺ　ㄻ　ㄿ

例：닭　삶　읊다

⑶ まとめ

文字	音
ㄳ	[ㄱ]
ㄵ　ㄶ	[ㄴ]
ㄼ　ㄽ　ㄾ　ㅀ	[ㄹ]
ㅄ	[ㅂ]
ㄺ	[ㄱ]
ㄻ	[ㅁ]
ㄿ	[ㅂ]

제 **1** 과

안녕하세요? 다카네 리나입니다.

自己紹介をしてみよう。

안녕하세요?	こんにちは。	네	はい
저	私(「나」の謙譲語)	저는	私は
만나서	会えて	반갑다	嬉しい、懐かしい
저도	私も	잘	よろしく
부탁하다	お願いする、頼む	전주	(地名)全州
처음	初めて		

＊ 名 ＋은/는 ：～は(話題・対照)

＊ 名 ＋도 ：～も(添加)

発音

| 입니다 [임니다] | 반갑습니다 [반갑씀니다] |
| 부탁합니다 [부타캄니다] | |

💡 ディクテーションの練習

))) 16 ① _____

② _____

③ _____

④ _____

文法解説

1. 名+은/는

解説 名詞に付いて主題・トピック・対照を表す。日本語の「〜は」にあたる韓国語の助詞。

> **形態** 子音で終わる名詞の場合：＋은
> 母音で終わる名詞の場合：＋는

例 집은 [지븐] 家は　　　　　　　학교는 [학꾜는] 学校は

이것은 [이거슨] これは　　　　　친구는 [친구는] 友達は

注意 韓国語の「은/는」は日本語の「は」と大抵対応するが、全く同じであるわけではないため、異なる部分には注意すること。(巻末の付録2を参考)

2. 名+입니다

解説 名詞に付いて指定・叙述の機能を持つ。日本語の名詞に付く「〜です」にあたる。

> **形態** 叙述形(言い切り)：＋입니다
> 疑問形(質問)：＋입니까?

例 일본 사람**입니다**. [일본사라밈니다] 日本人です。

의사**입니다**. [의사임니다] 医者です。

대학생**입니까?** [대학쌩임니까] 大学生ですか。

누구**입니까?** [누구임니까] 誰ですか。

補足 改まった場面で使われる格式体である。

注意 疑問形の場合、日本語のように疑問素を最後に付け加えるわけではなく、語尾「-다」を「-까」に入れ替えるのである。また、かならず疑問符の「?」を付ける。

✏️ **練習1**　韓国語の助詞「은/는」をつけて書き、発音してみよう。

⑴ 선생님　先生　　　⑵ 한국　韓国　　　⑶ 학생　学生

　　　선생님은 _____　_____　_____

⑷ 간호사　看護師　　⑸ 사과　リンゴ　　⑹ 어머니　母

_____　_____　_____

✏️ **練習2**　「입니다」をつけて書き、発音してみよう。

⑴ 대학생　大学生　　　대학생입니다. _____

⑵ 중국 사람　中国人　　_____

⑶ 유이 씨　結衣さん　　_____

⑷ 아버지　父　　_____

⑸ 영국 사람　イギリス人　_____

⑹ 언니　(妹から見た)姉　_____

✏️ **練習3**　例のように質問して答えてみよう。

> 例 학생　学生 / 회사원　会社員　　　Q：학생입니까?
>
> 　　　　　　　　　　　　　　　　　　A：네, 학생입니다.
>
> 　　　　　　　　　　　　　　　　　　B：아니요, 회사원입니다.

⑴ 한국어 교과서　韓国語の教科書 / 영어 교과서　英語の教科書

　Q：　한국어 교과서입니까? _____

　A：　네, 한국어 교과서입니다. _____　B：　아니요, 영어 교과서입니다. _____

⑵ 중국인　中国人 / 일본인　日本人　Q:＿＿＿＿＿＿＿＿＿＿＿＿＿＿

　　　A:네,＿＿＿＿＿＿＿＿＿＿＿　　　B:아니요,＿＿＿＿＿＿＿＿＿＿

⑶ 친구　友達 / 후배　後輩　Q:＿＿＿＿＿＿＿＿＿＿＿＿＿＿

　　　A:네,＿＿＿＿＿＿＿＿＿＿＿　　　B:아니요,＿＿＿＿＿＿＿＿＿＿

⑷ 볼펜　ボールペン / 샤프　シャープペンシル　Q:＿＿＿＿＿＿＿＿＿

　　　A:네,＿＿＿＿＿＿＿＿＿＿＿　　　B:아니요,＿＿＿＿＿＿＿＿＿＿

⑸ 형　兄 / 동생　弟・妹　Q:＿＿＿＿＿＿＿＿＿＿＿＿＿＿

　　　A:네,＿＿＿＿＿＿＿＿＿＿＿　　　B:아니요,＿＿＿＿＿＿＿＿＿＿

⑹ 연필　鉛筆 / 사인펜　サインペン　Q:＿＿＿＿＿＿＿＿＿＿＿

　　　A:네,＿＿＿＿＿＿＿＿＿＿＿　　　B:아니요,＿＿＿＿＿＿＿＿＿＿

✏ 練習4　例のように友達と会話練習をしてみよう。

例　A:선생님은 한국 사람입니까?
　　B:네, 저는 한국 사람입니다.
　　　아니요, 저는 중국 사람입니다.

3. 簡単なあいさつ言葉

안녕하세요? / 안녕하십니까? こんにちは。

처음 뵙겠습니다. はじめまして。

(만나서) 반갑습니다. お会いできてうれしいです。

안녕히 가세요.

(その場を去って行く人に向かって)さよなら。

안녕히 계세요.

(その場にそのまま止まる人に向かって)さよなら。

감사합니다. / 고맙습니다. ありがとうございます。

아니에요. いいえ。

천만에요. とんでもないです。

죄송합니다. 申し訳ございません。

미안합니다. すみません。/ ごめんなさい。

괜찮습니다. 大丈夫です。

잘 먹겠습니다. いただきます。

잘 먹었습니다. ごちそうさまでした。

次の文を読み、質問に答えよう。

> 안녕하십니까?
>
> 저는 사토 유이라고 합니다.
>
> 고향은 일본 사이타마입니다.
>
> 사이타마는 도쿄 근처에 있습니다.
>
> 저는 대학생입니다.
>
> 제 취미는 댄스입니다.
>
> 잘 부탁합니다.

名＋이라고/라고 합니다 〜と言います	고향 故郷　근처 近所、近く
名＋에 있습니다 〜にあります	대학생 大学生　제 私の〜
취미 趣味　댄스 ダンス	잘 부탁합니다 よろしくお願いします。

1 この人はどこの国の人ですか。(　　)

　① 한국　　　　　② 미국　　　　　③ 영국　　　　　④ 일본

2 この人の趣味を選びなさい。(　　)

　① スポーツ　　　② 映画鑑賞　　　③ 音楽演奏　　　④ ダンス

3 みんなの前で自己紹介をしてみよう。

🔊 17

次の会話を聴き、質問に答えよう。

① エミリさんは、どこから来ましたか。（　　）

    ① 韓国　　　　② 日本　　　　③ カナダ　　　　④ アメリカ

② 会話の内容と一致すれば〇、異なれば×を付けなさい。

    ① ソイとエミリは知り合いである。（　　）

    ② リナとエミリは初対面である。（　　）

    ③ リナは日本人ではない。（　　）

③ グループに分かれて自己紹介をしてみよう。その内容についてメモをとってみよう。

이름(名前)	출신(出身)	취미(趣味)	기타(その他)

評価

✔ Self Check　　☆☆☆☆☆
✔ Group Check　☆☆☆☆☆

이것은 무엇입니까?

周りの気になるものを尋ねてみよう。

 18

会話　식당에서 (1)

리나　　소이

리나 : 이것은 무엇입니까?

소이 : 그것은 콩나물국밥입니다.

리나 : 그것은 무엇입니까?

소이 : 이것은 떡갈비입니다.

리나 : 저것은 생강차입니까?

소이 : 아니요, 저것은 생강차가 아닙니다. 대추차라고 합니다.

日本語訳

リナ : これは何ですか。

ソイ : それはもやしクッパです。

リナ : それは何ですか。

ソイ : これはトックカルビです。

リナ : あれは生姜茶ですか。

ソイ : いいえ、あれは生姜茶ではありません。ナツメ茶と言います。

 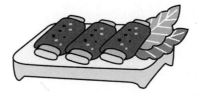 

이것	これ	무엇	何
그것	それ	콩나물국밥	豆もやしクッパ
떡갈비	(料理名) トックカルビ	저것	あれ
생강차	生姜茶	아니요	いいえ
대추차	ナツメ茶	하다	言う、する

＊名＋이/가 아닙니다：〜ではありません

＊名＋이라고/라고：〜と(引用)

発音

이것은 [이거슨]	무엇입니까 [무어심니까]
그것은 [그거슨]	국밥입니다 [국빠빔니다]
저것은 [저거슨]	아닙니다 [아님니다]
합니다 [함니다]	

ディクテーションの練習

◀)) 19　① _____

② _____

③ _____

④ _____

1. 名詞文の否定形 이/가 아니다

解説 名詞に付いてその内容を否定する表現。日本語の「～ではない」にあたる。改まった場面で丁寧に言う際は、「이/가 아닙니다」のようにする。

> 形態 子音で終わる動の場合：＋이 아닙니다
>
> 母音で終わる動の場合：＋가 아닙니다

例 사과**가 아닙니다**. リンゴではありません。

굴**이 아닙니다**. ミカンではありません。

> 소이：사과입니까? リンゴですか。
>
> 리나：아니요, 사과**가 아닙니다**. いいえ、リンゴではありません。
>
> 굴입니다. ミカンです。

> 소이：굴입니까? ミカンですか。
>
> 리나：아니요, 굴**이 아닙니다**. いいえ、ミカンではありません。
>
> 사과입니다. リンゴです。

✏️ 練習1 次の名詞の後ろに付く助詞として適切な形のものはどれか、「이」あるいは「가」の中で1つ選びなさい。

⑴ 지갑 財布 (이)　　⑵ 우산 傘 (　　　)　　⑶ 볼펜 ボールペン (　　　　)

⑷ 열쇠 鍵 (가)　　⑸ 수첩 手帳 (　　　)　　⑹ 물 水 (　　　)

⑺ 화장품 化粧品 (　　　)　⑻ 종이 紙 (　　　)　　⑼ 과자 お菓子 (　　　)

⑽ 사진 写真 (　　　)　　⑾ 돈 お金 (　　　)　　⑿ 필통 筆箱 (　　　)

⒀ 마우스 マウス (　　　　)　　　　⒁ 손수건 ハンカチ (　　　　)

⒂ 선물 プレゼント (　　　)

練習2 例のように名詞文の否定形を使い、質問して答えてみよう。

> 例 의사 医者 / 약사 薬剤師
>
> A：의사입니까?
>
> B：아니요, 의사가 아닙니다. 약사입니다.

⑴ 경찰관　警察官 / 군인　軍人

　A：　경찰관입니까?
　_____

　B：아니요, _____

⑵ 가수　歌手 / 작곡가　作曲家

　A： _____

　B：아니요, _____

⑶ 배우　俳優 / 아나운서　アナウンサー

　A： _____

　B：아니요, _____

⑷ 회사원　会社員 / 주부　主婦

　A： _____

　B：아니요, _____

⑸ 가게 주인　店のオーナー / 손님　お客さん

　A： _____

　B：아니요, _____

2. | 指示代名詞　이것, 그것, 저것 |

解説 指示代名詞「이것, 그것, 저것」は話し手が対象(もの)を示す場合、話し手と聴き手と対象(もの)との距離感をそれぞれ表す。日本語の「これ、あれ、それ」に当たる。

例
A:**이것**은 무엇입니까?　これは何ですか。
B:**그것**은 콩나물입니다.　それは豆もやしです。

A:**그것**은 무엇입니까?　それは何ですか。
B:**이것**은 생강차입니다.　これは生姜茶です。

A:**저것**은 무엇입니까?　あれは何ですか。
B:**저것**은 대추입니다.　あれはナツメです。

・コ系列の「이」：話し手の領域に含まれると思われる対象

・ソ系列の「그」：聴き手の領域に含まれると思われる対象

・ア系列の「저」：話し手にも聴き手にも含まれないと思われる対象

・ド系列の「어느」：話し手にとって未知の領域にあると認識される対象

注意 韓国語の指示代名詞は、日本語のそれとほとんど対応するが、完全に一致するわけではない。特に、「그것−저것」の関係は日本語とのズレがあるため、要注意！

例 수첩 手帳 / 휴대전화 携帯電話

A:이것은 수첩입니까?

B:아니요, 그것은 수첩이 아닙니다. 휴대전화입니다.

⑴ 볼펜　ボールペン / 연필　鉛筆

A:이것은 _____

B:아니요, 그것은 _____

⑵ 지갑　財布 / 필통　筆箱

A:그것은 _____

B:아니요, 이것은 _____

⑶ 물　お水 / 술　お酒

A:저것은 _____

B:아니요, 저것은 _____

⑷ 우산　雨傘 / 양산　日傘

A:이것은 _____

B:아니요, 그것은 _____

⑸ 종이　紙 / 돈　お金

A:그것은 _____

B:아니요, 이것은 _____

⑹ 수첩　手帳 / 여권　パスポート

A:저것은 _____

B:아니요, 저것은 _____

名詞文の否定形を練習してみよう。

① 以下の例のように自分の身の周りの物で話をしてみよう。最初は間違えた
　質問から始めること。

> 例 ① 필통 筆箱, ② 가위 ハサミ, ③ 티슈 ティッシュ, ④ 도시락 お弁当
>
> 　　⑤ 차 お茶, ⑥ 교통카드 交通カード, ⑦ 신분증 身分証, ⑧ 열쇠 鍵
>
> 　　A：이것은 ＿＿＿＿＿＿＿＿＿＿＿＿＿＿＿＿ 입니까?
>
> 　　B：아니요, 그것은 ＿＿＿＿ 이/가 아닙니다. ＿＿＿＿ 입니다.

② 以下の例のように相手の身の周りの物で話をしてみよう。最初は間違えた
　質問から始めること。

> 　A：그것은 ＿＿＿＿＿＿＿＿＿＿＿＿＿＿＿＿ 입니까?
>
> 　B：아니요, 이것은 ＿＿＿＿ 이/가 아닙니다. ＿＿＿＿ 입니다.

③ 以下の例のように2人から離れている物で話をしてみよう。最初は間違え
　た質問から始めること。

> 例 ① 나무 木 – 신호등 信号機　② 자전거 自転車 – 자동차 自動車
>
> 　　③ 벤치 ベンチ – 그네 ブランコ　④ 휴지통 ゴミ箱 – 의자 椅子
>
> 　　⑤ 미끄럼틀 滑り台 – 시소 シーソー
>
> 　　A：저것은 ＿＿＿＿＿＿＿＿＿＿＿＿＿＿＿ 입니까?
>
> 　　B：아니요, 그것은 ＿＿＿＿ 이/가 아닙니다. ＿＿＿＿ 입니다.

次の会話を聴き、質問に答えよう。

1 これは何ですか。（　　　）

① 대추차　　　　　② 잡채　　　　　③ 생강차

2 あれは何ですか。（　　　）

① 떡갈비　　　　　② 닭갈비　　　　③ 떡볶이

3 この女性の名前は何ですか。（　　　）

① 리사　　　　　② 리나　　　　　③ 리아

4 マリナさんはどこの国の人ですか。（　　　）

① 일본　　　　　② 중국　　　　　③ 미국

①から⑮は、リナさんのバックの中に入っている物です。例のように練習してみよう。

① 지갑 財布 ② 우산 雨傘 ③ 볼펜 ボールペン ④ 열쇠 鍵 ⑤ 수첩 手帳

⑥ 물 水 ⑦ 화장품 化粧品 ⑧ 종이 紙 ⑨ 과자 お菓子 ⑩ 사진 写真

⑪ 돈 お金 ⑫ 필통 筆箱 ⑬ 마우스 マウス ⑭ 손수건 ハンカチ

⑮ 선물 プレゼント

例 A：그것은 무엇입니까?

B：이것은 ① 지갑입니다.

A：여권이 아닙니까?

B：네, ② 여권이 아닙니다.

✔ Self Check　　★★★★★
✔ Group Check　★★★★★

숟가락과 젓가락은 어디에 있습니까?

位置を話してみよう。

리나　　　소이

 会話　식당에서 ⑵

◀)) 21

리나 : 숟가락과 젓가락은 어디에 있습니까?

소이 : 테이블 옆 서랍 안에 있습니다.

리나 : 전주는 무슨 음식이 유명합니까?

소이 : 비빔밥이 유명합니다.

리나 : 맛있습니까?

소이 : 네. 특히 육회비빔밥이 아주 맛있습니다.

日本語訳

リナ : スプーンと箸はどこにありますか。

ソイ : テーブルの横の引き出しの中にあります。

リナ : 全州はどんな料理が有名ですか。

ソイ : ビビンバが有名です。

リナ : おいしいですか。

ソイ : はい。特にユッケビビンバがとてもおいしいです。

숟가락	スプーン	젓가락	箸
어디	どこ	있다	ある、いる
테이블	テーブル	옆	横
서랍	引き出し	안	中、内側
무슨	何の、どんな	음식	食べ物、料理
유명하다	有名だ	비빔밥	ビビンバ
맛있다	おいしい	특히	特に
육회	ユッケ	아주	とても

＊图＋과/와：〜と(対等接続・共同)

＊图＋에：〜に(位置・時点)

発音

숟가락과 [숟까락꽈]	젓가락이 [젇까라기]
있습니까 [읻씀니까]	서랍 안에 [서라바네]
유명합니까 [유명함니까]	맛있습니다 [마싣씀니다/마딛씀니다]
특히 [트키]	육회비빔밥이 [유쾨비빔빠비]

💡 **ディクテーションの練習**

🔊 **22** ① _____

② _____

③ _____

④ _____

1. 「합니다」体(格式の丁寧語) －습니다/ㅂ니다

解説 フォーマルな感じの非常に丁寧な文体で、日本語の「～です、～ます」にあたる。初対面の人や頑固な上司や年上の人のように、礼儀を持って話すべき心理的な距離が離れている相手に用いられ、会議・演説・発表・討論・報告・ニュースのような公式の場面で用いられたりする。

形態 子音語幹の動・形＋습니다

母音語幹の動・形＋ㅂ니다

「ㄹ」語幹の動・形：(ㄹ脱落後)＋ㅂ니다

例 친구가 밥을 **먹습니다**.　友達がご飯を食べます。

월요일부터 금요일까지 학교에 **갑니까?**

月曜日から金曜日まで学校へ行きますか。

저는 도쿄에 **삽니다**.　私は東京に住んでいます。

補足 疑問形の場合は「＋습니까?/ㅂ니까?」となる。

注意 語幹末が「ㄹ」で終わる「ㄹ」語幹の用言の場合は母音語幹の用言の場合と同じ活用をし、「ㄹ」が脱落する。

2. 무슨 名

解説 名詞に付いて、その名前やジャンルやカテゴリーを尋ねるときに使う。日本語の「何の～、どんな～」にあたる。

例 Q：**무슨** 음악을 좋아합니까?　どんな音楽が好きですか。

A：K-POP(케이팝)을 좋아합니다.　K-POPが好きです。

Q：**무슨** 음식을 좋아합니까?　何(の料理)が好きですか。

A：우동을 좋아합니다.　うどんが好きです。

注意 名詞の性質や属性を尋ねる時は「어떤」が使われる。

Q：**어떤** 영화를 좋아합니까?　どんな映画が好きですか。

A：무서운 영화를 좋아합니다.　怖い映画が好きです。

練習1 用言の意味を調べ、「합니다」体(現在形)を書いてみよう。

韓国語	日本語	叙述形	疑問形
먹다	食べる	먹습니다	먹습니까?
배우다	習う、学ぶ	배웁니다	배웁니까?
만들다	作る	만듭니다	만듭니까?
찾다			
오다			
알다			
좋다			
예쁘다			
살다			
작다			
좋아하다			
멀다			
맛있다			
가르치다			
달다			
가다			

📝 練習2　韓国語で書いてみよう。(합니다体で)

⑴ 私は学校で韓国語を習います。

　　韓国語訳：　저는 학교에서 한국어를 배웁니다.

⑵ お父さんは毎日新聞を読みます。

　　韓国語訳：

⑶ お姉さんのカバンはとてもきれいです。

　　韓国語訳：

⑷ この料理はおいしいです。

　　韓国語訳：

⑸ 今どこに行きますか。

　　韓国語訳：

⑹ 韓国のアイドルは誰が好きですか。（〜が好だ：名＋을/를 좋아하다）

　　韓国語訳：

⑺ サイズはどうですか。少し小さいです。

　　韓国語訳：

⑻ 韓国の音楽をよく聴きますか。

　　韓国語訳：

毎日 매일　　新聞 신문　　お姉さん 언니/누나　　とても 아주

綺麗だ 예쁘다　　おいしい 맛있다　　今 지금　　どこ 어디　　アイドル 아이돌

サイズ 사이즈　　どうだ 어떻다　　音楽 음악　　よく、頻繁に 자주　　聴く 듣다

> 例 가: <u>　무슨　</u> <u>　요리　</u> 입니까?
>
> 　　나:한국 전통 요리입니다.

(1) 가: _____ _____을/를 자주 먹습니까?

　　나:일본 요리를 자주 먹습니다.

(2) 가: _____ _____을/를 듣습니까?

　　나:케이팝을 듣습니다.

(3) 가: _____ _____을/를 자주 봅니까?

　　나:코미디 영화를 자주 봅니다.

(4) 가: _____ _____을/를 좋아합니까?

　　나:야구를 좋아합니다.

(5) 가: _____ _____을/를 만듭니까?

　　나:중국 요리를 만듭니다.

(6) 가: _____ _____을/를 자주 읽습니까?

　　나:소설책을 자주 읽습니다.

전통 伝統　케이팝 K-ポップ　코미디 コメディー　보다 見る

중국요리[중궁뇨리] 中華料理　야구 野球　운동 運動　소설책 小説の本　읽다 読む

3. 対等接続助詞　과/와

解説 2つ以上の名詞などを対等に繋ぎ、羅列するときに使う。日本語の「〜と」にあたる。

形態 子音で終わる名＋과
　　　母音で終わる名＋와

例 한국 사람**과** 일본 사람이 이야기합니다.　韓国人と日本人が話をしています。

커피**와** 홍차를 시킵니다.　コーヒーと紅茶を注文します。

식탁 위에 밥**과** 국**과** 반찬이 있습니다.

　食卓の上にご飯とスープとおかずがあります。

가방 안에 교과서**와** 노트**와** 필통이 있습니다.

　カバンの中に教科書とノートと筆箱があります。

補足 改まった場面で使われる格式体である。文語としてよく使われる。

注意 同じ意味機能を持つ助詞として「이랑/랑」「하고」がある。ただし、これらは主に話し言葉で用いられる。

4. 位置名詞

解説 物の位置を指し示す名詞。助詞の「에」と一緒によく使われる。

위	上	아래	下
앞	前	뒤	後ろ
안	中、内側	밖	外、外側
오른쪽	右、右側	왼쪽	左、左側
옆	横、傍、隣	사이	間

練習4 サッカーの国際試合の日程表です。「과/와」を用いて答えてみよう。

		ホーム	アウェイ
⑴ 第1試合		한국	독일
⑵ 第2試合		호주	미국
⑶ 第3試合		일본	대만
⑷ 第4試合		태국	베트남
⑸ 第5試合		프랑스	영국

Q:어느 나라 팀과 어느 나라 팀이 시합을 합니까?

A: _____과/와 _____이/가 시합을 합니다.

⑴ _____ 이/가 시합을 합니다.

⑵ _____ 이/가 시합을 합니다.

⑶ _____ 이/가 시합을 합니다.

⑷ _____ 이/가 시합을 합니다.

⑸ _____ 이/가 시합을 합니다.

練習5　絵を見てボールの位置を説明してみよう。

(1)　　　(2)　　　(3)　　　(4)　　　(5)

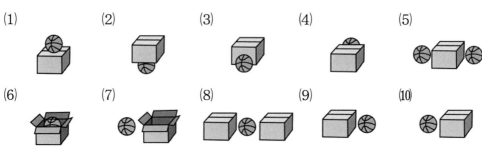

(6)　　　(7)　　　(8)　　　(9)　　　(10)

Q:농구공이 어디에 있습니까?
A:농구공은 상자 _____ 에 있습니다.

(1) _____

(2) _____

(3) _____

(4) _____

(5) _____

(6) _____

(7) _____

(8) _____

(9) _____

(10) _____

次の文を読み、質問に答えてみよう。

전주는 음식이 아주 맛있습니다.

특히 비빔밥과 콩나물국밥이 유명합니다.

전주에는 한옥마을도 있습니다.

한옥은 한국 전통 가옥입니다.

저는 이번 토요일에 친구와 한옥마을에 갑니다.

정말 기대가 됩니다.

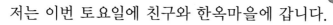

음식 食べ物、料理	아주 とても	특히 特に	유명하다 有名だ
한옥마을 韓屋村	전통 伝統	가옥 家屋	이번 今度
토요일 土曜日	친구 友人	정말 本当に	기대가 되다 楽しみだ

① 全州は何が有名ですか。(　　)

  ① 自然　　　　② 料理　　　　③ スポーツ　　　④ ドラマ撮影地

② この人は今週の土曜日にどこに行くつもりですか。(　　)

  ① ビビンバで有名な店

  ② 全州で最もにぎやかな市場

  ③ 韓国の伝統家屋がたくさん残っている地域

  ④ 友人の家

③ 自分の住んでいる地域を紹介してみよう。

🔊 23

次の韓国語を聴き、質問に答えよう。

1 会話の内容と一致すれば〇、異なれば×を付けなさい。

① この韓国料理屋は家の近くにある。（　　）

② この店のキムチは少し辛い。（　　）

③ この人はランチを食べにこの店によく行きます。（　　）

④ 夕食の時はお客さんがあまりいない。（　　）

2 グループに分かれて相手の住んでいるところについて尋ねてみよう。その内容についてメモをとってみよう。

이름(名前)	출신(出身)	有名なもの1	有名なもの2

가: 다나카 씨는 어디 출신입니까?

나: 저는 _____ 출신입니다.

가: 거기는 무엇이 유명합니까?

나: ⑴ _____ 과/와 ⑵ _____ 이/가 유명합니다.

評価

✔ Self Check　　☆☆☆☆☆
✔ Group Check　☆☆☆☆☆

　用言とは、文の中で主に述語の役割を担う語を指す。韓国語での用言には、動詞(「食べる」、「走る」など)・形容詞(「かわいい」、「おいしい」、「静かだ」など)・指定詞(「～だ、～ではない」)がある。通常、用言はその語彙的な意味を持つ本体部分である語幹(辞書の見出し形である基本形から「-다」をとった形)に、文法的な意味を担う様々な語尾をつけて用いられる。これを用言の活用という。

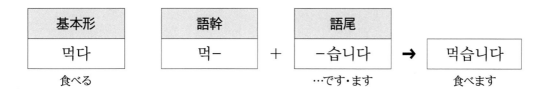

基本形		語幹			語尾			
먹다		먹-	+		-습니다	→		먹습니다
食べる					…です・ます			食べます

　語幹が母音で終わる用言を母音語幹の用言、子音で終わる用言を子音語幹の用言と呼ぶ。なお、語尾は語幹への付き方によって大きく3つのタイプに分類される。

❶ 1個だけの形態の語尾 :語幹にそのままつく:-고, -지만, -지요, …

例 먹다 + -고 → 먹+고 → 먹고 「食べて、食べている」

　예쁘다 + -지만 → 예쁘+지만 → 예쁘지만 「かわいいけれど」

❷ 2個の形態の語尾 :語幹が子音で終わるか母音で終わるかによってつける語尾の形が変わる:-습니다/ㅂ니다, -으면서/면서, -을까요?/ㄹ까요?, …

例 먹다 + -습니다/ㅂ니다 → 먹+습니다 → 먹습니다 「食べます」

　가다 + -을까요?/ㄹ까요? → 가+ㄹ까요? → 갈까요? 「行きましょうか」

❸ 3個の形態の語尾 :語幹の最後の母音が「ㅏ, ㅑ, ㅗ」などの陽母音なら「ㅏ」系が、「하다」の場合は「ㅕ」が付いて「해」に、それ以外の母音なら「ㅓ」系がつく:-어요/아요/여요, -었어요/았어요/였어요, -어서/아서/여서, …

例 먹다 + -어요/아요/여요 → 먹+어요 → 먹어요「食べます」

　작다 + -어요/아요/여요 → 작+아요 → 작아요「小さいです」

　공부하다+ -어요/아요/여요 → 공부하+여요 → 공부하여요 → 공부해요

　　　　　　　　　　　　　　　　　　　　　　　　　　　　「勉強します」

기념품을 사고 싶어요.

自分の願望を話してみよう。

리나   소이

🔊) 24 **会話**

리나 : 기념품을 사고 싶어요. 어디가 좋아요?

소이 : 음식점 옆에 기념품 가게가 있어요.

거기에서 사세요.

리나 : 수저 세트와 부채도 팔아요?

수저 세트 두 개와 부채 세 개를 사고 싶어요.

소이 : 그렇게 많이 사요?

리나 : 네, 부모님과 친구들에게도 주고 싶어요.

日本語訳

リナ : お土産を買いたいです。どこがいいですか。

ソイ : 食堂の隣にお土産の店があります。

そこで買ってください。

リナ : スプーンとお箸セットと扇子も売っていますか。

スプーンとお箸セット2個と扇子3個を買いたいです。

ソイ : そんなにたくさん買いますか。

リナ : ええ、両親と友人たちにもあげたいです。

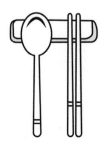 

기념품	記念品、お土産	사다	買う
좋다	良い	음식점	飲食店
가게	店	수저	スプーンと箸
세트	セット	부채	扇子、うちわ
개	個	그렇게	そんなに
많이	たくさん、多く	부모님	親、両親
친구	友達、友人	주다	あげる、くれる

＊名＋을/를：～を(動作の対象)

＊名＋에서：～で(動作が行れる場所)

＊名 (人間・動物)＋에게：～に・へ(授与の目的地)

発音

기념품을 [기념푸믈]	싶어요 [시퍼요]
그렇게 [그러케]	많이 [마니]

💡 ディクテーションの練習

🔊 25

① _____

② _____

③ _____

④ _____

文法解説

1. 「해요体」(非格式の丁寧語) －어요/아요/여요

解説 日常会話でよく使われる、うちとけた場面での丁寧な言い方。イントネーションにより平叙文・疑問文・命令文・誘い文の区別をする。

形態 動・形＋어요/아요/여요

(語幹の最後の母音が区分基準となる)

① 「해요」体の基本形

基準		語尾	例	
語幹の最後の母音	その他	＋어요	먹다 (食べる)	먹어요
	ㅏ, ㅗ, ㅑ	＋아요	살다 (住む)	살아요
			좋다 (良い)	좋아요
하다		＋여요	공부하다 (勉強する)	공부하여요 ➡ 공부해요

② 「해요」体の縮約形(語幹の最後にパッチム無し)

① 省略

語幹の最後の母音	語尾	例	
ㅓ/ㅕ/ㅐ/ㅚ	＋어요	일어서다 (立ち上がる)	일어서+어요 ➡ 일어서요
		켜다 (つける)	켜+어요 ➡ 켜요
		지내다 (過ごす)	지내+어요 ➡ 지내요
		되다 (なる)	되+어요 ➡ 돼요
ㅏ	＋아요	사다 (買う)	사+아요 ➡ 사요

例 A：지금 무엇을 해요? 今、何をしていますか。

　B：도시락을 사요. お弁当を買います。

　C：휴대폰을 켜요. 携帯をつけます。

② 二重母音化

語幹の最後の母音	語尾	例		
ㅜ/ㅣ	+어요	외우다(覚える)	외우+어요 ➡ 외워요	
		마시다(飲む)	마시+어요 ➡ 마셔요	
ㅗ	+아요	보다(見る)	보+아요 ➡ 봐요	

例　A : 지금 무엇을 **해요?**　今、何をしていますか。

　　　⎧ B : 단어를 **외워요.**　単語を覚えています。
　　　⎪ C : 물을 **마셔요.**　お水を飲んでいます。
　　　⎩ D : 유튜브를 **봐요.**　ユーチューブを見ています。

 練習1　自分の1日を「해요」体を使って書いてみよう。

Step1 : 「하다」で終わる用言に①をつけて「해요」に変えましょう。

Step2 : 語幹最後の母音が「ㅏ, ㅗ, ㅑ」である用言に②を書いて「아요」をつけましょう。

Step3 : 残りの用言には③を書いて「어요」をつけましょう。

注意 : 語幹がパッチムなしで終わる場合、必ず縮約形にしましょう。

아침(朝)−오전(午前)				
用言	意味	語尾の選択		해요体
일어나다	起きる	②	아요	일어나요
세수하다	顔を洗う	①	해요	세수해요
보다				
먹다				
마시다				
입다	着る	③	어요	입어요
가다				

오후(午後)			
用言	意味	語尾の選択	해요体
타다	乗る	② 아요	타요
내리다			
만나다			
배우다			
전화하다			
놀다			
읽다			
저녁(夕方)-밤(夜)			
用言	意味	語尾の選択	해요体
가르치다	教える	③ 어요	가르쳐요
아르바이트하다			
오다			
요리하다			
노래하다			
숙제하다			
쉬다			
샤워하다			
자다			

2. ┌─────────────────────────────┐
  │ 希望形　−고 싶다 │
  └─────────────────────────────┘

【解説】 自分の願望や望みを表す。聴き手の願望を尋ねるときには疑問文で用いられる。第一人称(나, 저 우리, 저희など)と結合することに注意。日本語の「～したい」に当たる。

【形態】 動・形＋고 싶다

【例】 저도 같이 점심을 **먹고 싶습니다.** 　私も一緒にランチを食べたいです。

어디에 **가고 싶어요?** 　どこに行きたいですか。

한국에서 **살고 싶어요.** 　韓国で暮らしたいです。

A：지금 무엇을 **하고 싶어요?** 　今、何をやりたいですか。
B：저는 **쉬고 싶어요.** 　私は休みたいです。
C：저는 밥을 **먹고 싶어요.** 　私はご飯を食べたいです。
D：저는 드라마를 **보고 싶어요.** 　私はドラマを見たいです。

【補足】 3人称主語の場合は「−고 싶어 하다」を使う。

【例】 아이가 디즈니랜드에 **가고 싶어 해요.**

子供がディズニーランドに行きたがっています。

✏️ 練習2　例のように友達と会話を作ってみよう。

例

가 : 졸업여행 어디에 가고 싶어요?

나 : 하와이에 가고 싶어요.

가 : 거기에서 뭐 하고 싶어요?

나 : 바닷가에서 놀고 싶어요.

가 : 또 뭐 하고 싶어요?

나 : 쇼핑도 하고 싶어요. ○○씨는요?

가 : 저는 ……

가 : 졸업여행 어디에 가고 싶어요?

나 : ⬚ 에 가고 싶어요.

가 : 거기에서 뭐 하고 싶어요?

나 : ⬚ 고 싶어요.

가 : 또 뭐 하고 싶어요?

나 : ⬚ 고 싶어요. ○○씨는요?

가 : 저는 ⬚ 에 가고 싶어요.

나 : 거기에서 뭐 하고 싶어요?

가 : ⬚ 고 싶어요.

3. ┃丁寧な命令　－으세요/세요

解説 相手にお願いまたは丁寧に命令をするときに使う。

> **形態** 子音語幹の動＋으세요
>
> 　　　母音語幹の動＋세요
>
> 　　　「ㄹ」語幹の動 (ㄹ脱落後)＋세요

例 교과서를 **읽으세요**.　教科書を読んでください。

　　열심히 **연습하세요**.　一生懸命に練習してください。

　　한국에서 친구들을 많이 **만드세요**.　韓国で友達をたくさん作ってください。

補足 日本語の「召し上げる」「いらっしゃる」「おっしゃる」などのように単語自体を入れ替えて表すものもある:「먹다→먹으세요 드세요」「자다→자세요 주무세요」「있다→있으세요 계세요」

注意 日本語では別に区別しないが、韓国語では丁寧な命令の「＋으세요/세요」と依頼の「＋어/아/여 주세요」を区別する。前者は聴き手側が自分自身のためにする行動や当為・義務な行動に、後者は聴き手側が話者のためにしてくれる行動に使う。

✎ **練習3**　用言の意味を調べ、「－으세요/세요」を付けてみよう。

韓国語	意味	－으세요/세요
잊다	忘れる	잊으세요
기다리다		
열다		
앉다		
들어오다		
만들다		
조심하다		

例　가 : 오사카에 가고 싶어요. 어떻게 가요?

　　나 : _____신칸센을 타세요._____

⑴ 가 : 리사 씨 학교에 가고 싶어요. 어떻게 가요?

　　나 : _____

　　　　　　　　　걸어서 가다(歩いて行く)

⑵ 가 : 명동에 가고 싶어요. 어디에서 내려요?

　　나 : 그럼 _____

　　　　　　을지로입구역에서 내리다(乙支路入口駅で降りる)

⑶ 가 : 여기서 _____

　　　　　　　　　사진을 찍다

　　나 : 네, 알겠습니다. 고맙습니다.

⑷ 가 : 단어를 잘 모르겠어요. 어떻게 해요?

　　나 : _____

⑸ 가 : 요즘 일이 많아요. 너무 피곤해요. (피곤하다: 疲れている)

　　나 : _____

⑹ 가 : 여기가 학교 도서관이에요? 사람이 아주 많습니다.

　　나 : 쉿! 도서관에서는 _____

⑺ 가 : 계단이 아주 많습니다. _____

　　나 : 네, 알겠습니다. 고맙습니다.

4. 固有数詞

解説 個数、年齢など数える時に使われる固有数字は99まである。

1	2	3	4	5	6	7	8	9	10	11	12
하나	둘	셋	넷	다섯	여섯	일곱	여덟	아홉	열	열하나	열둘
한	두	세	네	다섯	여섯	일곱	여덟	아홉	열	열한	열두

*10単位の固有数字

10	20	30	40	50	60	70	80	90
열	스물	서른	마흔	쉰	예순	일흔	여든	아흔

例 A：몇 살이에요?　何歳ですか。

B：**스무** 살이에요.　二十歳です。

A：여기 카메라를 보세요. **하나, 둘, 셋!** 치즈!

このカメラを見てください。1，2，3！チーズ！

5. 固有数詞+単位名詞

解説 単位名詞は数詞の後で結合し、対象を数える時に使われている。日本語文法では助数詞と呼ぶ。

補足 固有数字と単位名詞が結合する場合、固有数字の「하나, 둘, 셋, 넷, 스물」は「한, 두, 세, 네, 스무」のように変化する。

注意 日本語の助数詞「本」は、韓国語の「개, 병, 편」など様々な単位名詞に使われているので注意すること。

固有数詞と一緒によく使われる単位名詞

単位名詞	対象	例
개	幅広く使われている(有情物以外)	볼펜 다섯 개, 샤프 두 개
사람/분	人(一般・敬語)	한 사람/ 열 분
마리	動物	고양이 네 마리
살	年齢	스무 살
대	家電製品、車、自転車など	자전거 세 대, 컴퓨터 여섯 대
권	書籍、漫画	잡지 다섯 권, 만화책 열 권
장	薄い紙、チケット、クーポン	영화표 여덟 장, 쿠폰 열한 장
병	飲み物(瓶)	주스 아홉 병
잔	カップ、グラス	커피 세 잔, 와인 두 잔
그릇	茶碗、うどん鉢、お皿など	밥 한 그릇, 갈비탕 세 그릇
송이	お花	장미 일곱 송이
편	ドラマ、映画	드라마 열두 편
판	ゲーム、ピザ	게임 한 판, 피자 두 판

例

シャープペンシル2本	샤프 둘(×) 개	샤프 두 개
猫4匹	고양이 넷(×) 마리	고양이 네 마리
自転車3台	자전거 셋(×)대	자전거 세 대
クーポン11枚	쿠폰 열하나(×) 장	쿠폰 열한 장
ご飯1杯	밥 하나(×) 그릇	밥 한 그릇
ドラマ12本	드라마 열둘(×) 편	드라마 열두 편

韓国語の固有数詞をハングルで書いてみよう。

(1) 4 (　　　넷　　　) (2) 7 (　　　　　　) (3) 9 (　　　　　　)

(4) 22 (　　　　　　) (5) 38 (　　　　　　) (6) 56 (　　　　　　)

(7) 3 (　　　　　　) (8) 80 (　　　　　　) (9) 60 (　　　　　　)

(10) 14 (　　　　　　) (11) 41 (　　　　　　) (12) 75 (　　　　　　)

練習6 会話を完成してみよう。数字はハングルで書きなさい。

(1) 가 : 올해 몇 살이에요?

　　나 : 저는 　　　열아홉 살이에요.

(2) 가 : 가족은 몇 명이에요?

　　나 : 우리 가족은 모두 _____

(3) 가 : 한달에 몇 권 정도 책을 읽어요?

　　나 : 저는 한달에 _____

(4) 가 : 커피 좋아하세요? 하루에 몇 잔 정도 마셔요?(정도 : 程度、くらい、ほど)

　　나 : 네, 좋아해요. 하루에 _____

(5) 가 : 하루에 몇 시간 정도 자요?

　　나 : 저는 _____

(6) 가 : 콘서트 표는 몇 장 필요해요?

　　나 : _____

次の文を読み、質問に答えよう。

> 저는 카페를 좋아해요. 카페는 역 앞에 있어요.
>
> 오후에 카페에서 커피 한 잔과 당근케이크 한 조각을 주문해요.
>
> 거기에서 두 시간 공부해요.
>
> 저녁에는 학원에서 영어를 가르쳐요.
>
> 학생들은 머리가 아주 좋아요. 재미있어요.
>
> 계속 이 학원에서 가르치고 싶어요.

카페 カフェ　좋아하다 好きだ　당근 人参　조각 ピース　주문하다 注文する
시간 時間　학원 塾　머리 頭　재미있다 面白い　계속 継続、続けて

① この人について内容と一致すれば〇、異なれば×を付けなさい。

　① カフェは学校の前にある。（　　）

　② カフェでアルバイトをしている。（　　）

　③ 塾で英語を教えている。（　　）

　④ 塾の仕事に満足している。（　　）

② この人はカフェで何を注文しましたか。（　　）

　① コーヒー1杯と人参ケーキ1ピース

　② コーヒー1杯と人参ケーキ2ピース

　③ コーヒー2杯と人参ケーキ1ピース

　④ コーヒー2杯と人参ケーキ2ピース

③ 自分の好きなことやバイトなどについて話してみよう。

◀) 26

次の文を聴き、(　　　)の中に適切な数字を書いてみよう。

① 저는 (　　　　) 살입니다.

② 저는 고양이 (　　　　) 마리를 키워요.

③ 여기 지우개 (　　　　) 개 있어요.

④ 여자 친구에게 장미 (　　　　) 송이를 주고 싶어요.

グループに分かれて日帰り旅行に行こう。そこで何がしたいか話し合ってみよう。

質問	答え
어디에 가고 싶어요?	
무엇을 먹고 싶어요?	
무엇을 타고 싶어요?	
무엇을 보고 싶어요?	
무엇을 사고 싶어요?	
무엇을 찍고 싶어요?	
또 무엇을 하고 싶어요?	

✔ Self Check　☆☆☆☆☆
✔ Group Check　☆☆☆☆☆

호텔에서 한옥마을까지 멉니까?

否定形を使って話してみよう。

 27 호텔 로비에서

리나 : 한옥마을에서 한복을 빌리고 싶습니다.

　　　 호텔에서 한옥마을까지 멉니까?

직원 : 아니요, 택시로 한 십 분쯤 걸립니다.

리나 : 한복 대여 요금은 비쌉니까?

직원 : 아니요. 평일에는 별로 비싸지 않습니다.

　　　 한 시부터 네 시까지 세 시간에 만오천 원입니다.

日本語訳

リナ：「韓屋村」で韓服を借りたいです。ホテルから「韓屋村」まで遠いですか。

スタッフ：いいえ、タクシーで約10分かかります。

リナ：韓服のレンタル料は高いですか。

スタッフ：いいえ、平日はあまり高くありません。

　　　1時から4時まで3時間で1万5千ウォンです。

한옥마을	韓屋村	한복	韓服
빌리다	借りる	멀다	遠い
택시	タクシー	한	約
십 분	10分	쯤	くらい
걸리다	かかる	대여 요금	レンタル料
비싸다	(値段が)高い	평일	平日
시간	時間	원	ウォン

＊ 名 ＋으로/로：〜で(手段・道具)

＊ 별로 〜(＋否定形)：あまり・それほど(〜ではない)

＊ 名 ＋에서 名 ＋까지：〜から(空間的起点)〜まで(終点)

＊ 名 ＋에서 名 ＋까지：〜から(時間や順序の起点)〜まで(終点)

発音

한옥마을 [하농마을]	싫습니다 [십씀니다]
비쌉니까 [비쌈니까]	않습니다 [안씀니다]

ディクテーションの練習

◄)) 28 ① _____

② _____

③ _____

④ _____

1. 「ㄹ」変則用言

解説 語幹の最後の部分が「ㄹ」で終わる全ての動詞や形容詞は、その次に「ㅅ，ㄴ，ㅂ」で始まる語尾と結びつくと、語幹の「ㄹ」が脱落する。

・지금 어디에 **사세요?**　今どこに住んでいらっしゃいますか。

・저기 계시는 분을 잘 **압니까?**　あそこの方をよく知っていますか。

・일요일에도 문을 **여세요.**　日曜日にも店を開けてください。

注意 「ㄹ」用言の場合、活用の際 母音語幹と同じ語尾 をつけること。

✏ 練習1　空欄に適切な形を書いてみよう。

	−습니다/ㅂ니다	−어요/아요/여요	−으세요/세요
만들다(作る)	만듭니다		
살다(住む)		살아요	
알다(分かる)			아세요
열다(開ける)			
놀다(遊ぶ)			
팔다(売る)			파세요
날다(飛ぶ)	납니다		
울다(泣く)	웁니다		
물다(噛む)			무세요
달다(甘い)			
멀다(遠い)	멉니다		
길다(長い)		길어요	

練習2 下線部を適切な語形に変えた後、日本語訳をしてみよう。

(1) 다나카 씨는 어디에 (　살다　)습니까/니까?

➡　　　　　삽니까?

日本語訳：　田中さんはどこに住んでいますか。

(2) 집에서 역까지 좀 (　멀다　)습니다/ㅂ니다.

➡　＿＿＿＿＿＿＿＿

日本語訳：　＿＿＿＿＿＿＿＿

(3) 보라 씨를 잘 (　알다　)어요/아요/여요?

➡　＿＿＿＿＿＿＿＿

日本語訳：　＿＿＿＿＿＿＿＿

(4) 방이 덥습니다. 창문을 좀 (　열다　)으세요/세요.

➡　＿＿＿＿＿＿＿＿

日本語訳：　＿＿＿＿＿＿＿＿

(5) 이 쿠키는 너무 (　달다　)어요/아요/여요.

➡　＿＿＿＿＿＿＿＿

日本語訳：　＿＿＿＿＿＿＿＿

(6) 그 물건을 저한테 (　팔다　)으세요/세요.

➡　＿＿＿＿＿＿＿＿

日本語訳：　＿＿＿＿＿＿＿＿

2. 勧誘形　－을까요?/ㄹ까요?(1)

解説 一緒に行動することに対する聴き手の見解を尋ねる。主語はよく省略されるが、基本的には聴き手を含む1人称複数になる。「같이, 함께」という副詞もと一緒に使われる。

> **形態** 子音語幹の動＋을까요?
>
> 　　　　母音語幹の動＋ㄹ까요?
>
> 　　　　「ㄹ」語幹の動 (ㄹ脱落後)＋까요?

例 같이 점심을 **먹을까요?**　一緒にランチを食べましょうか。

　　쇼핑을 같이 **갈까요?**　買い物に一緒に行きましょうか。

　　이 요리를 같이 **만들까요?**　この料理を一緒に作りましょうか。

> 🔍 **参考**　答えとして
>
> ・肯定：動＋읍시다/ㅂ시다
>
> ・否定：動＋지 맙시다

✏ **練習3**　用言の意味を調べ、「－을까요?/ㄹ까요?」を付けてみよう。

韓国語	日本語	－을까요?/ㄹ까요?
사진을 찍다	写真を撮る	사진을 찍을까요?
책을 같이 보다		
요리를 만들다 ㄹ変		
시험 공부를 하다		
교실에 남다		
노래를 부르다		
같이 살다 ㄹ変		

	例 가: <u>같이 영화를 볼까요?</u> 　　나: 네, 좋아요. 같이 영화를 봅시다.
(1)	가: ＿＿＿＿＿＿＿＿＿＿＿＿ ? 나: 네, 좋아요. 같이 노래를 부릅시다.
(2)	가: ＿＿＿＿＿＿＿＿＿＿＿＿ ? 나: 네, 좋아요. 같이 동물원에 갑시다.
(3)	가: ＿＿＿＿＿＿＿＿＿＿＿＿ ? 나: 네, 좋아요. 같이 쇼핑을 합시다.
(4)	가: ＿＿＿＿＿＿＿＿＿＿＿＿ ? 나: 네, 좋아요. 같이 책을 읽읍시다.
(5)	가: ＿＿＿＿＿＿＿＿＿＿＿＿ ? 나: 네, 좋아요. 같이 요리를 만듭시다.

3. 否定形

解説 韓国語の否定表現には、否定素が用言の前に置かれるか後に置かれるかによって前置否定と後置否定と分類できる。また、否定素として「안」が使われる場合は単純否定や意志否定を、「못」が使われる場合は不可能や不許可を表す。

形態

	前置否定	後置否定
単純否定・意志否定	안 動・形＋어요/아요/여요	動・形＋지 않다
不可能・不許可	못 動＋어요/아요/여요	動＋지 못하다

例 미하는 신문을 잘 **안** 읽어요. ミハは新聞をあまり読みません。

효리는 집에서 음식을 만들어 **먹지 않아요.**

ヒョリは家で料理を作って食べません。

콘서트장에서는 사진을 **못** 찍어요.

コンサート会場では写真を撮れません。

로이는 잘 **기다리지 못해요.**

ロイはあまり待てないです。

注意

① 前置否定形では「공부하다」のように「名詞＋(을/를) 하다」から戻せる動詞は、名詞との間に「안, 못」を入れます。ただ、「名詞＋하다」の用言ではあるが、戻せない場合はそのまま用言全体の前に「안, 못」を入れます。

例 안 공부해요 ×, 공부 **안** 해요 ○ / 못 공부해요 ×, 공부 **못** 해요 ○

안 깨끗해요 ○, 깨끗 안 해요 ×

② 「있다」(ある・いる)の否定表現としては「없다」(ない・いない)、「알다」(知る・分かる)の否定表現としては「모르다」(知らない・分からない)が用いられる。

練習5 意味を調べ、「안」否定形を書いてみよう。(해요体で)

韓国語	日本語	前置否定	後置否定
작다	小さい	안 작아요	작지 않아요
멀다			
느리다			
짧다			
공부하다			
놀다			
만들다			
먹다			
마시다	飲む	안 마셔요	마시지 않아요
살다			
운동하다			
팔다			
사다			
가다			
오다			
연습하다	練習する	연습(을) 안 해요	연습하지 않아요
괜찮다			
같다			
좋다			
싫다			
많다			

練習6　意味を調べ、「못」否定形を書いてみよう。(해요体で)

韓国語	日本語	前置否定	後置否定
참다	我慢する	못 참아요	참지 못해요
가르치다			
살다			
준비하다			
신다			
들어가다			
팔다			
연습하다			
끊다			
건네주다			

4.　漢数詞と単位名詞

1	2	3	4	5	6	7	8	9	10	11
일	이	삼	사	오	육	칠	팔	구	십	십일

20	21	22	23	…	30	31	32	33
이십	이십일	이십이	이십삼	…	삼십	삼십일	삼십이	삼십삼

百	千	万	億	兆
백	천	만	억	조

例 오늘은 8(팔)월 4(사)일입니다. 今日は8月4日です。

1(일)번하고 2(이)번 들어오세요. 1番と2番入ってください。

A：핸드폰 번호가 몇 번이에요? 携帯電話の番号は何番ですか。

B：090-8765-××××입니다. 090-8765-××××です。

(공구공-팔칠육오-××××)

漢数詞と一緒によく使われる単位名詞

単位名詞	対象	例
미터(m)	距離の「メートル」	1미터, 2미터, 10미터, 100미터
박(泊)	宿泊日数	1박 2일, 3박 4일
월(月)	日付の「月」	일월, 삼월, **유월**, **시월**, 십이월
일(日)	日付の「日」	1일, 2일, 10일, 20일, 31일
분(分)	時間の「分」	오 분, 삼십 분, 사십오 분
초(秒)	時間の「秒」	일 초, 십 초, 삼십 초, 육십 초
원, 엔, 달러	貨幣単位	천 원, 만 원, 천 엔, 백 달러
인분(人前)	食べ物の分量	냉면 일 인분, 갈비 십 인분
층(階)	建物の層	1층, 2층, 10층, 몇 층?
번(番)	物の順番	1번, 30번
학년	学年	1학년, 2학년, 6학년
호선(号線)	地下鉄	1호선, 2호선, 3호선
주일(週日)	週間	일주일, 이주일, 삼주일
세(歳)	年齢(文語)	1세, 18세, 60세

✏ 練習7 　漢数詞をハングルで書いてみよう。

⑴ 4 (　　사　　) 　　 ⑵ 7 (　　　　) 　　 ⑶ 9 (　　　　)

⑷ 12 (　　　　) 　　 ⑸ 38 (　　　　) 　　 ⑹ 56 (　　　　)

⑺ 3 (　　　　) 　　 ⑻ 6 (　　　　) 　　 ⑼ 8 (　　　　)

⑽ 14 (　　　　) 　　 ⑾ 51 (　　　　) 　　 ⑿ 79 (　　　　)

✏ 練習8 　会話を完成してみよう。数字はハングルで書きなさい。

⑴ 가 : 생일은 몇 월 며칠이에요?

　　나 : 제 생일은 _____

⑵ 가 : 이것은 얼마예요? (얼마: いくら)

　　나 : _____

⑶ 가 : 한국어는 얼마나 공부했어요? (얼마나: どれくらい)

　　나 : 한국어는 _____

⑷ 가 : 실례지만, 몇 년생이에요? (년생: 年生まれ)

　　나 : 저요? 저는 _____

⑸ 가 : 명동에 가고 싶어요. 지하철 몇 호선을 탑니까?

　　나 : _____ 을 타세요. 그리고 을지로입구역에서 내리세요.

⑹ 가 : 교실은 몇 층에 있어요?

　　나 : 교실은 _____

例のように固有数詞と漢数詞を区別して、適切な単位名詞といっしょに
書いてみよう。

> 例 저는 (20)스무 살 이에요/예요. 私は20歳です。
>
> 한국어는 (5) 오 개월   공부했습니다. 韓国語は5ヵ月勉強しました。

(1) 책상 위에 책이 (2) ＿＿＿＿＿＿＿＿＿＿ 있어요.

机の上に本が2冊あります。

(2) 교실에는 학생이 (30) ＿＿＿＿＿＿＿＿＿＿ 있어요.

教室に学生が30名います。

(3) 아이스크림 (1) ＿＿＿＿＿＿＿＿＿＿ 주세요.

アイスクリーム1個ください。

(4) (15) ＿＿＿＿＿＿＿＿＿＿ 버스를 탑니다.

15番バスに乗ります。

(5) 제 생일은 (10/20) ＿＿＿＿＿＿＿＿＿＿ 입니다.

私の誕生日は10月20日です。

(6) 서점은 이 건물 (4) ＿＿＿＿＿＿＿＿＿＿ 에 있습니다.

書店はこの建物の4階にあります。

(7) 오빠 나이는 (21) ＿＿＿＿＿＿＿＿＿＿ 이에요.

兄の年齢は21歳です。

(8) 콘서트 티켓 (3) ＿＿＿＿＿＿＿＿＿＿ 주세요.

コンサートチケット3枚ください。

(9) 우리 집에는 개가 (2) ＿＿＿＿＿＿＿＿＿＿ 있어요.

私の家には犬が2匹います。

(10) 내일 오전 (9:30) ＿＿＿＿＿＿＿＿＿＿ 에 친구하고 만나요.

明日の午前9時30分に友達と会います。

次の文を読み、質問に答えよう。

> 저는 여러 나라에 가고 싶습니다. 먼저 한국에 가고 싶습니다. 한국에서 한국어를 배우고 싶습니다. 또 한국 음식도 많이 먹고 싶습니다.
>
> 그리고 미국에도 가고 싶습니다. 미국에서는 뉴욕에 가고 싶습니다. 거기서 뉴욕 양키즈 시합을 보고 싶습니다. 저는 야구를 아주 좋아합니다.
>
> 마지막으로 영국에 가고 싶습니다. 영국에서는 미술관과 박물관에 가고 싶습니다. 거기에서 여러 가지 세계 문화 유물을 보고 싶습니다.

여러 나라 色々な国	먼저 まず	또 また	그리고 そして	시합 試合
야구 野球	마지막으로 最後に	영국 イギリス	미술관 美術館	
박물관 博物館	세계 世界	문화 文化	유물 遺物	

1 この人の行きたがっている国は何ヵ国ですか。（　　）

① 1ヵ国　　　　　② 2ヵ国　　　　　③ 3ヵ国　　　　　④ 4ヵ国

2 この人が紹介していない国はどこですか。（　　）

① 韓国　　　　　② アメリカ　　　　③ 中国　　　　　④ イギリス

3 この人が博物館に行きたがっている理由は何ですか。

_____

4 自分の行きたい国とそこでやりたいことを書いてみよう。

◀)) 29

次の文を聴き、文の内容と一致すれば〇、異なれば×を付けなさい。

① 弟は大学生だ。(　　)

② 週末に運動はしない。(　　)

③ リンゴ2つで1,000ウォンです。(　　)

④ 私はコンビニでアルバイトをしている。(　　)

評価

✔ Self Check　　☆☆☆☆☆
✔ Group Check　☆☆☆☆☆

제**6**과 어제는 너무 피곤했어요.

過去のことを話してみよう。

보라

유토

🔊 30 **会話**

보라 : 어제는 너무 피곤했어요.

　　　학원에서 여섯 시간이나 영어를 가르쳤어요.

유토 : 학생들이 말을 안 들어요?

보라 : 아니요. 아주 착하고 귀여워요.

유토 : 학원에서 아르바이트를 계속할 거예요?

보라 : 아니요. 이번 학기까지만 할 거예요.

유토 : 그렇군요! 오늘은 푹 쉬세요.

日本語訳

ボラ : 昨日はとても疲れました。塾で6時間英語を教えました。

悠斗 : 生徒たちが話を聞かないですか。

ボラ : いいえ。とても良い子で可愛いです。

悠斗 : 塾でアルバイトを続けるつもりですか。

ボラ : いいえ。今学期までやるつもりです。

悠斗 : そうですね。今日はゆっくり休んでください。

Learn
English

語彙と表現

어제	昨日	너무	あまりにも
피곤하다	疲れている	학원	塾
영어	英語	가르치다	教える
말을 듣다	言うことを聴く	아주	とても
착하다	良い、善良だ	귀엽다	可愛い
계속하다	続ける	이번	今度、今回
학기	学期	푹 쉬다	ゆっくり休む

*말을 안 듣다：言うことを聴かない

*그렇군요！：そうですね。(相槌)

発音

할 거예요[할 꺼예요]	그렇군요 [그러쿤뇨]

💡 ディクテーションの練習

🔊 31 ① _____

② _____

③ _____

④ _____

1. 過去形 −었/았/였−

解説 発話時点を基準として過去に起きたか、完了したことを表す。日本語の「−た」にあたる。

> **形態** 動・形＋었습니다/았습니다/였습니다
>
> 動・形＋었어요/았어요/였어요
>
> (「해요」体と同様、語幹の最後の母音が区分基準となる)

① 過去形の基本形（해요体）

語幹の最後の母音	語尾	例	
その他	＋었어요	먹다 (食べる)	먹었어요
ㅏ, ㅗ, ㅑ	＋았어요	살다 (住む)	살았어요
		좋다 (良い)	좋았어요
하다	＋였어요	공부하다 (勉強する)	공부하였어요 ➡ 공부했어요

② 過去形の縮約形 (語幹の最後にパッチム無し)

1 省略

語幹の最後の母音	語尾	例	
ㅓ/ㅕ/ㅐ/ㅚ	＋었어요	일어서다 (立ち上がる)	일어서+었어요 ➡ 일어섰어요
		켜다(つける)	켜+었어요 ➡ 켰어요
		지내다(過ごす)	지내+었어요 ➡ 지냈어요
		되다(なる)	되+어요 ➡ 돼요
ㅏ	＋았어요	사다(買う)	사+아요 ➡ 사요

例 A：어제 무엇을 **했어요?** 昨日、何をしましたか。

B：도시락을 **샀어요.** お弁当を買いました。

C：고구마를 **먹었어요.** サツマイモを食べました。

② 二重母音化

語幹の最後の母音	語尾	例	
ㅜ, ㅣ	+었어요	외우다(覚える)	외우+었어요 ➡ 외웠어요
		마시다(飲む)	마시+었어요 ➡ 마셨어요
ㅗ	+았어요	보다(見る)	보+았어요 ➡ 봤어요

例 A：주말에 무엇을 **했어요?**　週末に何をしましたか。

{ B：단어를 **외웠어요?**　単語を覚えました。

{ C：드라마를 **봤어요.**　ドラマを見ました。

🖊 **練習1** アルバイト先で使える用言です。次の用言の現在形と過去形を書いてみよう。

用言	意味	해요体(現在形)	해요体(過去形)
도착하다	到着する	도착해요	도착했어요
인사하다			
신다			
들어가다			
만들다			
기다리다			
시키다	させる	시켜요	시켰어요
보내다			
일하다			
웃다			
울다			
계산하다			
팔다	売る	팔아요	팔았어요
나오다			
미안하다			
돈을 벌다			

⑴ 가 : 지난주 토요일에는 어디에 갔어요?

　　나 : _____

⑵ 가 : 몇 시에 도착했어요?

　　나 : _____

⑶ 가 : 거기에서 무엇을 했어요?

　　나 : _____

⑷ 가 : 혼자서 다녀왔어요?

　　나 : _____

⑸ 가 : 사람은 많았어요?

　　나 : _____

⑹ 가 : 재미있었어요?

　　나 : _____

2. ┃ 「ㅂ」変則用言

解説 語幹が「ㅂ」で終わる用言の一部は、母音で始まる語尾が付くと「ㅂ」が主に
「우」、たまに「오」に変わるものがある。

形態 ㅂ用言＋어요/아요/여요

> 語幹が変わり、付く語尾も変わる

・반갑다(うれしい)：

반갑＋어요/ 아요 /여요 → 반가우＋ 어요 /아요/여요 → 반가우어요 **➡ 반가워요**

・맵다(辛い)：

맵＋ 어요 /아요/여요 → 매우＋ 어요 /아요/여요 → 매우어요 **➡ 매워요**

例 만나서 정말 **반가워요**.　お会いできて本当にうれしいです。

　　이 라면은 너무 **매워요**.　このラーメンはとても辛いです。

注意1 「돕다(助ける、手伝う)、곱다(きれいだ)」の場合は、「으」の系列の語尾が付くと「우」
に変わるが、「어/아/여」の系列の語尾が付くと「오」に変わる。

・돕다(助ける、手伝う)：

돕＋어요/ 아요 /여요 → 도오＋어요/ 아요 /여요 → 도오아요 **➡ 도와요**

・곱다(きれいだ)：

> 語幹が変わり、付く語尾も変わる

곱＋ 으세요 /세요 → 고우＋으세요/ 세요 **➡ 고우세요**

注意2 ①「좁다 狭い」「수줍다 恥ずかしい」以外のすべてのㅂ形容詞は変則活用される。

例 좁다(狭い)：좁＋아요 → 좁아요, 수줍다(恥ずかしい)：수줍＋어요 → 수줍어요

②「입다 着る」「잡다 つかむ」「씹다 噛む」「업다 背負う」「뽑다 抜き取る」などのㅂ動詞は正
規活用される。

例 입다(着る)：입＋어요 → 입어요

　　잡다(つかむ)：잡＋아요 → 잡아요

練習3 「ㅂ」変則用言の現在形と過去形を「해요体」で書いてみよう。

ㅂ用言	意味	해요体(現在)	해요体(過去)
덥다	暑い	더워요	더웠어요
춥다			
맵다			
쉽다			
어렵다			
가볍다			
무겁다			
즐겁다			
괴롭다			
차갑다			
뜨겁다			
귀엽다			
아름답다			
시끄럽다			
더럽다			
가깝다			
눕다			
줍다			
굽다			

⑴ 가 : 일본의 여름은 날씨가 어떻습니까?

　나 : ＿＿＿＿＿＿＿＿＿＿＿＿＿＿＿＿＿＿＿＿＿＿＿

⑵ 가 : 한국의 겨울은 날씨가 어떻습니까?

　나 : ＿＿＿＿＿＿＿＿＿＿＿＿＿＿＿＿＿＿＿＿＿＿＿

⑶ 가 : 이번 시험이 어려웠습니까? 아니면 쉬웠습니까?

　나 : ＿＿＿＿＿＿＿＿＿＿＿＿＿＿＿＿＿＿＿＿＿＿＿

⑷ 가 : 냄새가 좋아요! 쿠키를 구웠어요? 아니면 빵을 구웠어요?(냄새: におい)

　나 : ＿＿＿＿＿＿＿＿＿＿＿＿＿＿＿＿＿＿＿＿＿＿＿

⑸ 가 : 지난번 소풍은 즐거웠어요?(소풍: 遠足)

　나 : 아니요, ＿＿＿＿＿＿＿＿＿＿＿＿＿＿＿＿＿＿＿

⑹ 가 : 그 가방이 많이 무거워요?

　나 : 아니요, ＿＿＿＿＿＿＿＿＿＿＿＿＿＿＿＿＿＿＿

3. | 順接(羅列・列挙) −고

解説 用言の語幹に付け、2つ以上の対等な事柄を羅列したり列挙したりする際に使われる。

形態 動・形＋고

例 붕어빵은 **맛있고** 값도 싸요.　タイ焼きは美味しくて値段も安いです。

이 옷은 디자인도 **예쁘고** 값도 싸요.

この服はデザインもかわいいし、値段も安いです。

아버지는 요리를 **하고** 어머니는 청소를 합니다.

父は料理をして、母が掃除をしています。

오전에는 카페에서 아르바이트를 **하고** 오후에는 학원에서 수학을 가르쳤어요.

午前にはカフェでバイトして、午後には塾で数学を教えました。

注意 このような羅列・列挙の用法は、主に形容詞に付けて使う場合が多い。動詞の場合は、前後の異なる主語の場合が多い。

🔍 **参考**

・「−고」の用法としては、他にも動作の前後順序を表すというものもある。この場合は、主に動詞と結合し、前後の主語が同じ場合である。

例 저는 손을 씻고 (저는) 밥을 먹어요.

아이는 밥을 먹고 (아이는) 이를 닦았어요.

練習5　例のように２つの動作や状態を列挙してみよう。

값이 싸다 / 아주 맛있다

例 A:그 식당은 어떻습니까?

　　 B: 값이 싸고 아주 맛있어요.

(1)

크다 / 편리하다

A:그 호텔은 어떻습니까?

B: _____

(2)

주인이 친절하다
/ 물건이 좋다

A:이 가게는 어떻습니까?

B: _____

(3)

게임하다 / 로봇을 만들다

A:형과 동생은 무엇을 합니까?

B: 형은 _____

　　동생은 _____

(4)

책을 읽다 /
다큐멘터리를 보다

A:언니와 오빠는 무엇을 합니까?

B:언니는 _____

　　오빠는 _____

4. 未来・意志 －을/ㄹ 것이다(1) [것입니다, 겁니다, 거예요]

解説 1人称主語と一緒に使われ、単なる未来の行動や話者の意志のある行動を表すときに使う。2人称主語の場合は、聴き手の意志や意向を尋ねることになる。

形態 子音語幹の動＋을 것이다
母音語幹の動＋ㄹ 것이다
「ㄹ」語幹の動 : (ㄹ脱落後) ＋ㄹ 것이다

例 올해는 담배를 꼭 **끊을 것입니다**.　今年はかならずタバコをやめます。

앞으로 절대 지각하지 **않을 거예요.**　これから絶対遅刻しません。

주말에는 청소를 **할 겁니다**　週末は掃除をするつもりです。

오늘은 한국 요리를 **만들 것입니다.**
今日は韓国料理を作るつもりです。

무엇을 **먹을 거예요?**　何を食べますか。

어디에 **갈 겁니까?**　どこに行くつもりですか。

🔍参考　3人称語(第10課) : ある事柄に対する話し手の判断を表すときに使う。
例 오후에는 비가 올 거예요.
午後には雨が降るでしょう。

✎ 練習6　用言の意味を調べ、「－을/ㄹ 거예요」を付けてみよう。

韓国語	日本語	＋을/ㄹ 거예요
머리를 감다	髪を洗う	머리를 감을 거예요
알바를 그만두다		
한국에 살다 ㄹ変		
고기를 굽다 ㅂ変		
물건을 구입하다		
요리를 만들다 ㄹ変		
집에 돌아가다		

보라: 유토 씨는 새해 계획을 세웠어요?

유토: 저는 이번에는 (1) _____ .

   또 (2) _____ . 보라 씨는요?

보라: 저는 새해에는 (3) _____ .

유토: 그거 좋네요. 저도 (4) _____ .

   또 무슨 계획이 있어요?

보라: 또 저는 (5) _____ .

   그리고 (6) _____ .

유토: 보라 씨는 새해 계획이 많군요!

メモ

자신의 계획	친구의 계획
· ·	· ·

◀)) 32

次の文をよく聴いて完成した後、一致する内容に〇を付けなさい。

① 내일은 _____

   비가 올 거예요 (   ) / 안 올 거예요 (   )

② 우리집 고양이는 _____

   귀여워요 (   ) / 가벼워요 (   )

③ 로제 떡볶이는 _____

   안 매워요 (   ) / 안 매웠어요 (   )

評価

✔ Self Check   ☆☆☆☆☆
✔ Group Check   ☆☆☆☆☆

지금은 날씨가 좋지만 오후에는 비가 와요.
天気の話をしてみよう。

 33

会話

유토　보라

유토 : 오늘 시내 면세점에 가는데 같이 갈래요?

보라 : 네, 좋아요. 그런데 지금은 날씨가 좋지만 오후에는 비가 와요. 아침에 일기예보에서 들었어요.

유토 : 그래요? 어쩌나! 일본에서 우산을 안 가져왔어요.

보라 : 그럼 양산 겸 우산을 사세요.

　　　요즘에는 남자들도 양산을 많이 사용해요.

유토 : 아, 그거 괜찮네요! 고마워요.

日本語訳

悠斗 : 今日市内の免税店に行くのですが、一緒に行きませんか。

ボラ : はい、いいですよ。でも、今は天気が良いですが、午後には雨が降ると思います。朝天気予報で聴きました。

悠斗 : そうですか。どうしよう。日本から傘を持って来ていないんです。

ボラ : じゃ、日傘兼雨傘を買ってください。最近は男性も日傘をよく使っていますよ。

悠斗 : はい、それいいですね。ありがとうございます。

語彙と表現

오늘	今日	시내	市内
면세점	免税店	같이	一緒に
그런데	ところが	지금	今
날씨	天気	좋다	良い
오후	午後	비가 오다	雨が降る
아침	朝	일기예보	天気予報
어쩌나!	どうしよう。	우산	雨傘
가져오다	持って来る	양산	日傘
겸	兼	요즘	最近、この頃
많이	たくさん	사용하다	使用する

*動・形+네요：気付きや発見からの詠嘆

発音

같이 [가치]	좋지만 [조치만]
올 거예요 [올꺼에요]	좋네요 [존네요]

ディクテーションの練習

34 ①

②

③

④

1. | 背景知識・前提　−는데, −은데/ㄴ데 |

解説 2つの文を繋ぐ接続語尾。話者が本当に話したいことに対する前置きのようなことを述べるときに使われる。前後関係によって結果的には逆接や理由を表したりもする。

形態　動＋는데

　　　形＋은데/ㄴ데

　　　動・形＋었는데/았는데/였는데

　　　名＋인데

　　　名＋이었는데/였는데

例　내일 한국에 **가는데** 기대가 많이 돼요.

　　明日韓国に行きますが、とても楽しみです。

　오늘 날씨도 **좋은데** 공원에 갈까요?

　　今日天気も良いのですが、公園に行きましょうか。

　어제는 비가 **왔는데** 오늘은 날씨가 좋습니다.

　　昨日は雨が降りましたが、今日は良い天気ですね。

　이것은 우리 할머니 **요리인데** 정말 맛있어요.

　　これは私のお祖母さんの料理ですが、本当においしいです。

　어제 **휴일이었는데** 수업이 있었어요?

　　昨日は休日でしたが、授業がありました。

✎ 練習1　例のように「−는데，−은데/ㄴ데」を使い、話したいことの前触れを述べてみよう。

> 例　　　이 옷 디자인이 아주 예쁜데　　이 옷을 사세요.
>
> 日本語訳：この服のデザインがとてもかわいいですが、この服を買ってください。

(1) _____ 주인이 친절하지 않아요.

　　日本語訳：あの店はよく行きますが _____

(2) _____ 일본도 더워요?

　　日本語訳：韓国は今暑いのですが _____

(3) _____ 같이 갈까요?

　　日本語訳：ショッピングに行きますが _____

(4) _____ 좀 빌려주세요.

　　日本語訳：消しゴムを忘れましたが _____

(5) 텔레비전을 보는데 _____

　　日本語訳：_____

(6) 날씨도 좋은데 _____

　　日本語訳：_____

2. 相手の意向 　−을래요?/ㄹ래요?

[解説] ある行動に対する聴き手の意向や見解を尋ねるときに使う。その行動としては、一緒にする行動でも良いし、聴き手だけの行動でも構わない。

[形態] 子音語幹の動・形＋을래요?
　　　　母音語幹の動・形＋ㄹ래요?
　　　　「ㄹ」語幹の動・形：(ㄹ脱落後)＋ㄹ래요?

[例] 뭐 **먹을래요?**　何食べますか。

영화 보러 **갈래요?**　映画見に行きませんか。

같이 한국 요리 **만들래요?**　一緒に韓国料理作りませんか。

[注意] 「−을까요?/ㄹ까요?」と違って話し手だけの行動には使えない。

[例] 제가 도와 (**드릴까요?** ○ / **드릴래요?** ×) (私が)お手伝いしましょうか。

같이 도와 (**드릴까요?** ○ / **드릴래요?** ○) 一緒にお手伝いしませんか。

✎ 練習2　「−을래요?/ㄹ래요?」を使い、答えに合わせて質問をしてみよう。

⑴ A: ＿＿＿＿＿＿＿＿＿＿ 는데, 은데/ㄴ데 ＿＿＿＿＿＿＿＿＿＿＿＿＿＿

　　B: 네, 좋아요. 같이 갑시다.

⑵ A: ＿＿＿＿＿＿＿＿＿＿＿＿＿＿＿＿＿＿＿＿＿＿＿＿＿＿＿＿＿＿＿

　　B: 저는 비빔밥을 먹을 거예요.

⑶ A: ＿＿＿＿＿＿＿＿＿＿ 는데, 은데/ㄴ데 ＿＿＿＿＿＿＿＿＿＿＿＿＿＿

　　B: 아니요. 저는 그냥 집에서 텔레비전 볼 거예요.

⑷ A: ＿＿＿＿＿＿＿＿＿＿＿＿＿＿＿＿＿＿＿＿＿＿＿＿＿＿＿＿＿＿＿

　　B: 저는 노래방에 가고 싶어요.

3. 逆接 −지만

解説 前の事柄に対立・反対する事柄を後で述べる時に使われる。日本語の「～けど、～だが」に当たる。

形態 動・形＋지만

動・形＋었지만/았지만/였지만

名＋(이)지만

名＋이었지만/였지만

例 이 게임은 **재미있지만** 돈이 많이 들어요.

このゲームは面白いけど、お金がたくさんかかります。

캠핑은 **즐거웠지만** 조금 불편했어요.

キャンピング生活は楽しかったけど少し不便でした。

오전에는 비가 **왔지만** 오후에는 날씨가 좋았어요.

午前には雨が降りましたが、午後に天気が良かったです。

이번 크리스마스는 토요일**이지만** 내년은 일요일이에요.

今回のクリスマスは土曜日ですが、来年は日曜日です。

練習3 例のように２つの文を１つに繋げてみよう。

例 오늘은 따뜻해요. 하지만 내일은 눈이 와요.

今日は暖かいです。しかし明日は雪が降ります。

➡ 오늘은 따뜻하지만 내일은 눈이 와요.

⑴ 이 아이스크림은 맛있어요. 하지만 값이 너무 비싸요.

➡ _____

⑵ 일본에서 영국은 멀어요. 하지만 한국은 별로 멀지 않아요.

➜ _____

⑶ 저는 운동을 좋아합니다. 하지만 제 여자 친구는 영화를 좋아합니다.

➜ _____

⑷ 드라마가 재미있어요. 하지만 조금 무서워요.

➜ _____

⑸ 이 구두를 사고 싶어요. 하지만 사이즈가 없어요.

➜ _____

⑹ 이 옷이 예쁩니다. 하지만 너무 비쌉니다.

➜ _____

⑺ 어제는 비가 왔어요. 하지만 오늘은 맑아요.

➜ _____

⑻ 같은 반이에요. 하지만 같이 놀지는 않아요.

➜ _____

⑼ 현수는 초등학교 때 친구였어요. 하지만 지금은 연락을 안 해요.

➜ _____

4. 「ㄷ」変則用言

解説 語幹の最後がパッチム「ㄷ」で終わる動詞の中には、規則通り活用されるものもあり、規則通り活用されないものもある。規則通り活用されない場合は、母音で始まる語尾が後に付くとパッチム「ㄷ」が「ㄹ」に変わる。

例 어디까지 **걸어요?** どこまで歩きますか。

한국 노래를 많이 **들었어요.** 韓国の歌をたくさん聞きました。

짐은 여기에 **실을래요?** 荷物はここに載せませんか。

練習4 空欄に適切な形を書いてみよう。

		「합니다」体	「해요」体	+을래요?/ㄹ래요?
変則	걷다(歩く)	걷습니다		
	듣다(聞く)		들어요	
	묻다(尋ねる)			물을래요?
	싣다(載せる)		실어요	
	붇다(ふやける)	붙습니다		
正則	받다(もらう)			받을래요?
	닫다(閉める)	닫습니다		
	믿다(信じる)		믿어요	
	묻다(埋める)			묻을래요?

⑴ 집에서 학교까지 (　걷다　)었어요/았어요/였어요.

　　　　　　➜ _____

　　日本語訳：_____

⑵ 저는 매일 한국 노래를 (　듣다　)어요/어요/어요.

　　　　　　➜ _____

　　日本語訳：_____

⑶ 길을 잘 모릅니까? 저 가게 주인한테 (　묻다　)으세요/세요.

　　　　　　➜ _____

　　日本語訳：_____

⑷ 가방이 무거워요. 그래서 트렁크에 (　싣다　)었어요/았어요/였어요.

　　　　　　➜ _____

　　日本語訳：_____

⑸ 먼저 드세요. 라면이 (　붇다　)어요/아요/여요.

　　　　　　➜ _____

　　日本語訳：_____

| 매일 毎日 | 길 道 | 모르다 分からない | 주인 オーナー | 무겁다 重い |
| 먼저 お先に | 드시다 召し上がる | 라면이 붇다 ラーメンがのびる | | |

次の天気情報を認識し、質問に答えよう。

서울시 명동(8월 6일 수요일)

맑음 ☀ (34도)

최고 기온 35도	최저 기온 26도

현재	14시	15시	16시	17시	18시	19시	20시
34℃	35℃	35℃	34℃	32℃	30℃	29℃	27℃

목요일	맑은 후 흐림	30%	37℃	28℃
금요일	흐림	30%	32℃	24℃
토요일	비	80%	30℃	21℃
일요일	비	80%	29℃	20℃
월요일	흐림	40%	30℃	19℃
화요일	맑음	20%	32℃	24℃

맑음 晴れ　　도 度　　최고 最高　　기온 気温　　최저 最低

현재 現在　　맑은 후 흐림 晴れのち曇り

1 今の季節は何ですか。(　　)

　① 봄　　　　　　② 여름　　　　　　③ 가을　　　　　　④ 겨울

2 今日は何曜日ですか。(　　)

　① 月曜日　　　　② 火曜日　　　　　③ 水曜日　　　　　④ 木曜日

3 内容と一致すれば〇、一致していなければ×を付けなさい。

　① 今は昼間である。(　　)

　② 今週最も暑い日は今日である。(　　)

　③ 今週末は天気が崩れるだろう。(　　)

　④ 最低気温の最も低い日は来週の月曜日だろう。(　　)

🔊 35

次の文を聴き、質問に答えよう。

1 今ソウルの天気はどうですか。（　　）

① 晴れ　　② 曇り　　③ 雨　　④ 雪

2 今日釜山の最高気温は何度ですか。（　　）

① 23℃　　② 24℃　　③ 25℃　　④ 26℃

3 会話の内容と一致すれば○、異なれば×を付けなさい。

① 今日のソウルは蒸し暑い。（　　）

② 今日済州島には雨が降るかもしれない。（　　）

③ 週末は全国的に晴れるだろう。（　　）

評価

✔ Self Check　　☆☆☆☆☆
✔ Group Check　☆☆☆☆☆

コラム①

韓国の概要

　日本の最も近い隣国、韓国の正式名称は「大韓民国」(Republic of Korea、略称ROK)である。これを略称して「韓国(South Korea)」または「南韓」と呼ぶことである。政治体制は大統領制を中心とする民主共和国で、現在北東アジアの朝鮮半島とその周辺の島嶼を領土としている。

　朝鮮半島の最初の国家である「古朝鮮」は、紀元前108年まで存在していたとされる。以降、「高句麗」「百済」「新羅」の「三国時代」、そして「統一新羅」「渤海」の「南北国時代」を経て、中世には「高麗」が建てられ、14世紀末には「朝鮮」が建国され近代へと続く。20世紀初めから35年間、日本に植民地支配されるという時期を経て、第2次世界大戦後、米軍とソ連軍に分割駐留され、南北に分かれた。1948年、38度線を境にして南側に大韓民国政府が単独で樹立され、すぐに北側でも共産主義政権が発足した。1950年に朝鮮戦争が起き、1953年に休戦協定を締結した後、現在まで南北の休戦状態が続いている。

　2022年現在、韓国の行政区域は1つの特別市(ソウル特別市)、1つの特別自治市(世宗特別自治市)、6つの広域市(釜山広域市、仁川広域市、大田広域市、大邱広域市、光州広域市、蔚山広域市)、1つの特別自治道(済州特別自治道)、そして8つの道(京畿道、江原道、忠清南道、忠清北道、全羅南道、全羅北道、慶尚南道、慶尚北道)で成り立っている。以上の17の行政区域は広域地自治団体(つまり、日本の都道府県に当てはまる)に分類されている。韓国の人口は約5200万人で、その2分の1がソウルを中心とした道都圏に集中している。

주말에 캠프 가는데 같이 갑시다.
友達を誘ってみよう。

 36 **会話**

 보라   유토

보라 : 운전면허 따셨어요? 대단하시네요! 한국에서 면허도 따고요.

유토 : 뭘요. 그런데 어떻게 아셨어요?

보라 : 다른 친구한테서 들었어요. 운전하는 거 무섭지 않으세요?

유토 : 네. 처음에는 긴장도 많이 했는데 매일 연습해서 괜찮아요.

보라 : 그렇군요. 그럼 다음에 저 드라이브 좀 시켜 주세요!

유토 : 네, 좋아요. 주말에 캠프 가는데 같이 갑시다.

日本語訳

ボラ : 最近運転免許を取られましたか。すごいですね。韓国で免許も取って。

悠斗 : いや、そんなことないです。ところで、どうやってお知りになったのですか。

ボラ : 他の友達から聞きました。運転するの、怖くはありませんか。

悠斗 : はい。最初はとても緊張していたが、毎日練習したので大丈夫です。

ボラ : そうですか。それなら、今度私をドライブに誘ってください。

悠斗 : はい、いいですよ。週末キャップに行くんですが、一緒に行きましょう。

운전면허	運転免許	따다	取る
대단하다	立派だ, すごい	그런데	ところが
어떻게	どうやって	다른	他の
무섭다	怖い	처음에는	最初は
긴장하다	緊張する	매일	毎日
연습하다	練習する	그럼	では, じゃ
다음(에)	次(に), 今度	드라이브	ドライブ
시키다	させる	주말	週末
캠프	キャップ	같이	一緒に

発音

뭘요 [뭘료/뭐료]	어떻게 [어떠케]
앉았어요 [아나써요]	무섭지는 [무섭찌는]
많이 [마니]	했는데 [핸는데]
괜찮아요 [괜차나요]	그렇군요 [그러쿤뇨]
좋아요 [조아요]	같이 [가치]

ディクテーションの練習

37 ① _____

② _____

③ _____

④ _____

1. | 尊敬　－으시/시－

解説 用言の語幹に付けて、その行動や状態の主体への尊敬を表す。

> **形態** 子音語幹の用言の場合：＋으세요，＋으십니다
>
> 　　　母音語幹の用言の場合：＋세요，＋십니다
>
> 　　「ㄹ」語幹の用言：(ㄹ脱落後)＋세요，＋십니다

	합니다体		해요体	
	現在	過去	現在	過去
오다(来る)	오십니다	오셨습니다	오세요	오셨어요
읽다(読む)	읽으십니다	읽으셨습니다	읽으세요	읽으셨어요
만들다(作る)	만드십니다	만드셨습니다	만드세요	만드셨어요
굽다(焼く)	구우십니다	구우셨어요	구우세요	구우셨어요
듣다(聞く)	들으십니다	들으셨습니다	들으세요	들으셨어요

[1] 尊敬の対象になる人物と関連する身体の一部や所有物などが主体の文にも使われ、その人物を間接的な尊敬で表す。そのため、日本語と異なり形容詞にも頻繁に使われる。

[2] 尊敬の「－으시/시－」が使われた文の主語には、主格助詞「이/가」より「께서」を使い主体を持ち上げた方が良い。

注意① 日本語の「召し上がる」「いらっしゃる」「おっしゃる」などのように単語自体を入れ替えて表すものに注意すること：「먹다 → ~~먹으시다~~ 드시다」「자다 → ~~자시다~~ 주무시다」「있다 → ~~있으시다~~ 계시다」

注意② さまざまな変則活用に要注意！

練習1 用言の意味を調べ、「-으시/시-」を付けてみよう。

韓国語	意味	+으십니다/십니다	+으세요/세요
읽다			
쓰다			
살다 ㄹ変			
돕다 ㅂ変			
걷다 ㄷ変			
알다 ㄹ変			
눕다 ㅂ変			
묻다 ㄷ変			

練習2 韓国語訳をしてみよう。

⑴ お祖父さんが待っていらっしゃいます。

韓国語訳: _____

⑵ 社長が新聞を読んでいらっしゃいます。

韓国語訳: _____

⑶ 何を召し上がりましたか。

韓国語訳: _____

⑷ お祖母さんは何でも全部ご存知です。(何でも:무엇이든지)

韓国語訳: _____

⑸ 朴先生は昨日どこに行かれましたか。

韓国語訳: _____

2. | 原因・理由　−어서/아서/여서⑴

解説 前の事柄が原因あるいは理由で、後ろの結果が起きたことを表す。「해요」体のように用言の語幹の最後の母音を語尾選択の基準となる。

形態 動・形＋어서/아서/여서

　　　名＋이어서/여서

例 스마트폰이 **고장나서** 서비스센터에 맡겼어요.

　　スマートフォンが壊れてサービスセンターに預けました。

돈이 **없어서** 자동차를 못 샀어요.

　　お金がなくて車を買えませんでした。

연습을 많이 **해서** 이제는 수영을 잘해요.

　　たくさん練習して、今は水泳が上手です。

내일은 **일요일이어서** 학교에 가지 않아요.

　　明日は日曜日なので、学校に行きません。

補足 名詞の場合、話し言葉としては「−(이)라서」のような形を使ったりもする。

例 **평일이라서** 쇼핑몰 주차장이 비었어요.

　　平日ですのでショッピングモールの駐車場が空いています。

크리스마스라서 사람이 많아요.　クリスマスですので人が多いです。

注意 過去形の「−었/았/였−」とは結合しない。

例 수리비가 비싸서(○) / 비쌌어서(×) 아직 못 고쳤어요.

도와주셔서(○) / 도와주셨어서(×) 감사합니다.

🔍**参考**　先行動作の어서/아서/여서⑵(第12課)：

後の事柄の前提となる先行動作を表す。

例 친구를 만나서 같이 영화를 봤어요.

　　友達に会っていっしょに映画を見ました。

✏️ 練習3 例のように文を作ってみよう。

> 例 A: 왜 지각하셨어요? なぜ遅刻なさいましたか。
>
> B: (늦잠을 자다 寝坊する)
>
> ➡ 늦잠을 자서 지각했어요.

⑴ A: 왜 드라마를 안 보세요?

B: (무섭다 怖い)

➡ _____

⑵ A: 왜 이 구두를 안 신으세요?

B: (발이 불편하다 足が楽ではない)

➡ _____

⑶ A: 그 자동차는 왜 안 사셨어요?

B: (너무 비싸다 あまりにも高すぎる)

➡ _____

⑷ A: 왜 일을 그만두셨어요?

B: (월급이 적다 月給が少ない)

➡ _____

⑸ A: 오늘은 학교에 왜 안 가세요?

B: (개교기념일이다 学校の創立記念日である)

➡ _____

⑹ A: 왜 벌써 가세요?

B: (집에 일이 있다 家に用事がある)

➡ _____

3. 動詞の現在連体形　−는

解説 後ろの名詞を修飾する動詞の活用形で、その名詞が現在進行中の動作のものであることを表す。

形態 **動**＋는

　　「ㄹ」語幹の動詞の場合：(ㄹ脱落後)＋는

例 요즘 **읽는** 책은 무엇입니까?　最近読んでいる本は何ですか。

　　보라색이 **어울리는** 사람은 별로 없어요.　紫色が似合う人はあまりいません。

　　지금 제가 **만드는** 음식은 일본 요리예요.　今私が作っている料理は和食です。

注意 存在詞の「있다」「없다」や、それがついている形容詞「맛있다」「재미있다」などは、動詞の連体形と同じ形で活用される。

✎ **練習4**　用言の連体形を書いてみよう。

用言	意味	現在/進行の連体形(+는)
맞다	合う	맞는
연주하다		
만들다 ㄹ変		
줍다		
듣다		
있다		
내리다		
복습하다		
팔다 ㄹ変		
돕다		
재미있다		

✐ 練習5　例のように２つの文を連体形で繋いでみよう。

> 例 스즈 씨가 **책**을 읽습니다. 그 **책**은 한국 소설입니다?
>
> ➜ 스즈 씨가 읽는 책은 한국 소설입니다.

⑴ 그 가게에서 **커피를** 마십니다. 그 **커피가** 맛있습니다.

➜ 그 가게에서 (　　　　) (　　　　　　)가 맛있습니다.

日本語訳 : _____

⑵ 제가 지금 그 **곳에** 살아요. 그 **곳**은 아파트입니다.

➜ 제가 지금 (　　　　) (　　　　　) 은 아파트입니다.

日本語訳 : _____

⑶ 그 **사람이** 운전해요. 그 **사람**은 누구입니까?

➜ (　　　　) (　　　　) 은 누구입니까?

日本語訳 : _____

⑷ 지금 **음식**을 만들어요. 그 **음식**을 좋아합니다.

➜ 지금 (　　　　) (　　　　) 을 좋아합니다.

日本語訳 : _____

⑸ **사람이** 도서관에서 공부해요. 그 **사람**은 누구예요?

➜ 도서관에서 (　　　　) (　　　　) 은 누구예요?

日本語訳 : _____

4. 勧誘表現　−읍시다/ㅂ시다

解説 丁寧な場面で使われる勧誘表現。日本語の「〜ましょう」にあたる。話し手と対等または目下の相手に使う。

形態 子音語幹の動＋읍시다
　　　母音語幹の動＋ㅂ시다
　　　「ㄹ」語幹の動(ㄹ脱落後)＋ㅂ시다

例 그릇을 빨리 **씻읍시다.**　食器を早く洗いましょう。

일찍 **일어납시다.**　早く起きましょう。

텐트 밖에서 카레를 **만듭시다.**　テントの外でカレーを作りましょう。

注意① 目上の人や上司などには使いづらい。

注意② さまざまな変則用言に要注意！

✎ 練習6　キャンピングに使える用言です。次の用言の勧誘表現を書いてみよう。

動詞	意味	＋읍시다/ㅂ시다
준비하다	準備する	준비합시다
텐트를 치다		
고기를 굽다 ㅂ変		
음식을 먹다		
음악을 듣다 ㄷ変		
게임을 하다		
그릇을 씻다		
일찍 일어나다		
요가를 하다		
온천에 들어가다		
출발하다		

98

(1) A:같이 점심을 먹을까요?

　　B:네, 좋아요. <u>같이 먹읍시다.</u>

(2) A:수업 후에 같이 발표 준비를 할까요?

　　B:네, 좋아요. <u>　　　　　　　　　</u>

(3) A:무엇을 먼저 구울까요?

　　B:고기가 먹고 싶어요. <u>　　　　　　　</u>

(4) A:우리 내일 어디에서 만날까요?

　　B: <u>　　　　　　　　　　　　　　　</u>

(5) A:무엇을 하고 놀까요?

　　B: <u>　　　　　　　　　　　　　　　</u>

(6) A:누구를 인터뷰할까요?

　　B: <u>　　　　　　　　　　　　　　　</u>

(7) A:무슨 영화를 볼까요?

　　B: <u>　　　　　　　　　　　　　　　</u>

次の会話を参考に、友達に質問してみよう。

A:로봇을 (만드)는 사람은 누구예요?
B:하루키 씨가 만들어요.

① 로봇을 만들다　　　・　　　　　　　・　a. 유토
② 조깅을 하다　　　　・　　　　　　　・　b. 하루키
③ 아이스크림을 먹다　・　　　　　　　・　c. 유이
④ 노래방에서 노래하다　・　　　　　　・　d. 보라
⑤ 전화를 하다　　　　・　　　　　　　・　e. 리아
⑥ 침대에서 자다　　　・　　　　　　　・　f. 미카
⑦ 신문을 읽다　　　　・　　　　　　　・　g. 에리카
⑧ 강아지와 산책하다　・　　　　　　　・　h. 리나

하루키　　　미카　　　유토　　　리아

유이　　　에리카　　　보라　　　리나

))) 38

次の会話を聴き、質問に答えよう。

1 이 사람은 왜 밥을 조금 먹어요?

① 배가 아파서　　　② 빵을 먹어서　　　③ 배가 고파서

2 아빠는 편의점에서 무엇을 해요?

① 택시를 불러요　　② 택배를 보내요　　③ 배를 사요

3 会話の内容と一致すると〇、異なると×を付けなさい。

① 내일은 유치원 운동회입니다. (　　　)

② 도시락과 간식을 준비할 것입니다. (　　　)

③ 이 사람들은 내일 슈퍼에 같이 갑니다. (　　　)

교환학생으로 일본에 가게 됐어요.

友達と電話で話してみよう。

 39

会話

보라

유토

보라 : 여보세요? 유토 씨, 저 보라인데요.

유토 : 네, 보라 씨. 안녕하세요?

보라 : 네, 안녕하세요? 그런데 유토 씨, 저 내년에 교환학생으로 일본에 가게 됐어요.

유토 : 진짜요? 잘 됐네요!

보라 : 근데 제가 일본어를 못해서 걱정이에요. 일본어 좀 가르쳐 주세요.

유토 : 네, 좋아요. 일본에 오면 제가 일본 친구도 소개해 줄게요.

보라 : 정말요? 고마워요.

日本語訳

ボラ : もしもし。悠斗さん、私ボラですが。

悠斗 : はい、ボラさん。こんにちは。

ボラ : はい、こんにちは。ところで悠斗さん、私、来年交換留学生として日本に行くことになりました。

悠斗 : 本当ですか。よかったですね。

ボラ : でも私、日本語が下手で心配です。ちょっと日本語を教えてください。

悠斗 : はい、いいですよ。日本に来たら、私が日本人の友達も紹介してあげます。

ボラ : 本当ですか。ありがとうございます。

덕분에	お陰様で	근데	ところで、実は
내년	来年	교환학생	交換留学生
진짜	本当、本物	못하다	下手だ
그럼	それじゃ	소개하다	紹介する

＊名＋으로/로：～として(資格・役割)

＊動＋을게요/ㄹ게요：約束・誓い

発音

| 됐네요 [된네요] | 못해서 [모태서] |
| 줄게요 [줄께요] | 정말요 [정마료/정말료] |

ディクテーションの練習

◀)) 40

① _____

② _____

③ _____

④ _____

1. 反応誘導 −는데(요), −은데(요)/ㄴ데(요), 인데(요)

解説 聴き手の反応を引き出すために自分が言いたいことは言わず、背景・前提となる情報のみ提示して締めくくるときに使う。

> **形態** 動＋는데요
>
> 形＋은데요/ㄴ데요
>
> 動・形＋었는데요/았는데요/였는데요
>
> 名＋인데요
>
> 名＋이었는데요/였는데요

例 요즘은 그런 옷 아무도 **안 입는데요**.

　　最近はそんな服誰も着ないけど。(だから買わないでね。)

　오늘 날씨가 **좋은데요**.

　　今日いい天気ですが。(だからどこか遊びに行きましょうか。)

　숙제를 깜빡 **잊어버렸는데요**.

　　宿題をうっかり忘れていました。(だからかならず明日やって来ます。)

　그거 제 **물건인데요**.

　　それは私の物ですが。(だから勝手に使わないでください。)

練習1 用言の意味を調べ、「＋는데요, 은데요/ㄴ데요」などを付けてみよう。

韓国語	意味	＋는데(요), 은데(요)/ㄴ데(요)
잘하다	上手にできる	잘하는데요
멋지다		
잘 알다 ㄹ変		
비밀이다		
문을 닫았다		

(1) A:과제는 제출했습니까?

B:아, _____. 빨리 하겠습니다.

(2) A:점심 먹었어요? 같이 먹을래요?

B:미안해요. _____. 다음에 같이 먹어요.

(3) A:_____. 아무한테도 말하지 마세요.

B:네, 알았어요. 근데 뭔데요?

(4) A:그 영화는 언제부터 시작해요?

B:_____. 보고 싶으세요?

(5) A:내일 무엇을 하고 싶어요?

B:_____. 어때요?

(6) A:그 책 가지고 있으세요?

B:_____. 다른 사람한테 물어보세요.

(7) A:내일 바쁘세요?

B:_____. 왜요?

2. 助詞 으로/로

解説

①方向・経由：

例 이쪽**으로** 오세요. こちらへお越しください。

②道具・手段：

例 숟가락**으로** 밥을 먹어요. スプーンでご飯を食べます。

지하철**로** 학교에 왔어요. 地下鉄で学校に来ました。

③材料：

例 우유**로** 치즈를 만들어요. 牛乳でチーズを作ります。

④資格・身分：

例 교환학생**으로** 일본에 유학을 갑니다. 交換留学生で日本留学に行きます。

形態 最後にパッチムのある名＋으로

最後にパッチムのない名＋로

最後に「ㄹ」パッチムで終わる名＋로

✎ **練習3** 質問に答えてみよう。

(1) A：어느 쪽으로 갈까요? (이쪽/그쪽/저쪽/…)

B：＿＿＿＿＿＿＿＿＿＿＿＿＿＿＿＿＿＿ 으로/로 가세요.

(2) A：어떻게 오실 거예요? (신칸센/버스/지하철/택시/…)

B：＿＿＿＿＿＿＿＿＿＿＿＿＿＿＿＿＿＿ 으로/로 갈 거예요.

(3) A：무엇으로 그렸어요? (크레파스/샤프/볼펜/색연필/…)

B：＿＿＿＿＿＿＿＿＿＿＿＿＿＿＿＿＿＿ 으로/로 그렸어요.

(4) A：뭐로 만들었어요? (설탕/밀가루/쌀/생크림/…)

B：＿＿＿＿＿＿＿＿＿＿＿＿＿＿＿＿＿＿ 으로/로 만들었어요.

3. 　授与動作　－어/아/여 주다

解説 他人のための行動を表す。

形態 語幹の最後が陰性母音の場合：＋어 주다
語幹の最後が陽性母音の場合：＋아 주다
「하다」の場合：＋여 주다(➜ 해 주다)

例 어머니가 그림책을 **읽어 줬어요**.　母が絵本を読んでくれました。

동생한테도 **빌려 주세요**.　弟/妹にも貸してあげてください。

제가 **도와 드릴게요**.　私がお手伝いさせていただきます。

補足 助けを求める際は「－어/아/여 주세요」の形をとり、助けてあげる際は謙譲表現として「－어/아/여 드리다」の形でよく使われる。

練習4 　文脈に合わせて、会話を完成させよう。

例 다시 한번 설명하다　가：다시 한번 설명해 주세요.
　　　　　　　　　　　나：네, 알겠습니다.

⑴ 창문을 열다

가：＿＿＿＿＿＿＿＿＿＿＿＿＿＿＿＿＿＿

나：네 알겠습니다.

⑵ 이쪽으로 오다

가：＿＿＿＿＿＿＿＿＿＿＿＿＿＿＿＿＿＿

나：네, 알겠습니다.

⑶ 빨리 하다

가：＿＿＿＿＿＿＿＿＿＿＿＿＿＿＿＿＿＿

나：네 알겠습니다.

例 | 빌리다 | 가 : 지우개를 안 가지고 왔는데요….

나 : 그래요? 제가 <u>빌려 드릴까요?</u>

가 : 네, 좀 <u>빌려 주세요.</u>

(4) | 일본 친구를 소개하다 |

가 : 일본 친구를 좀 사귀고 싶어요.

나 : 그래요? 제가 _____?

가 : 진짜요? 네, 좀 _____.

(5) | 알리다 (知らせる、教える) |

가 : 한국 음식을 먹고 싶어요.

나 : 제가 맛집을 알고 있어요. _____?

가 : 정말요? 네, 좀 _____.

(6) | 에어컨을 켜다 (クーラーをつける) |

가 : 좀 덥지 않아요?

나 : 그래요? _____?

가 : 네, 고마워요. _____

(7) | 같이 가다 |

가 : 저기요, 시청에는 어떻게 가요? 길을 잘 몰라서요.

나 : 그러세요? 그럼 제가 _____?

가 : 네, 고마워요. _____

4. 状況変化の結果 ―게 되다

解説 行動や状況、状態の変化の結果を表す。

① 動詞：自分の意志と関係なくその行動をするようになったことを表す。

例 이렇게 만나**게 되어서** 반갑습니다.

　　このように会えるようになり、嬉しいです。

　　회사 사정으로 지방으로 전근을 **가게 되었어요.**

　　会社の事情で地方に転勤になりました。

② 形容詞：状態変化の結果を表す。

例 간호사들 덕분에 환자들은 금방 **건강하게 되었다.**

　　看護師たちのおかげで患者さんたちはすぐ元気になりました。

　　새로운 아르바이트 때문에 더 **바쁘게 되었다.**

　　新しいバイトのせいでもっと忙しくなりました。

参考
状態の変化：―어지다
(第16課)

形態 動・形＋게 되다

練習5 韓国語訳をしてみよう。

⑴ 来年アメリカに留学に行くことになりました。

　　韓国語訳：＿＿＿＿＿＿＿＿＿＿＿＿＿＿＿＿＿＿＿＿＿＿＿

⑵ 再試験を受けることになりました。

　　韓国語訳：＿＿＿＿＿＿＿＿＿＿＿＿＿＿＿＿＿＿＿＿＿＿＿

⑶ 韓国人の友達と仲良くなりました。

　　韓国語訳：＿＿＿＿＿＿＿＿＿＿＿＿＿＿＿＿＿＿＿＿＿＿＿

⑷ 掃除をして部屋がきれいになりました。

　　韓国語訳：＿＿＿＿＿＿＿＿＿＿＿＿＿＿＿＿＿＿＿＿＿＿＿

次の文を読み、質問に答えよう。

　　저는 내년에 교환학생으로 일본에 가게 됐습니다. 그래서 요즘 일본어 학원에서 일본어를 배우고 있습니다. 학원에는 저와 같은 대학생도 있고 회사원도 있습니다.

　　일본어는 이번에 처음 배웁니다. 조금 어렵지만 일본어는 한국어와 비슷합니다. 그래서 그렇게까지 힘들지는 않습니다.

　　우리 일본어 선생님은 일본 사람인데 한국에는 3년 전에 왔습니다. 한국어도 할 수 있지만 저희에게는 한국어를 쓰지 않고 일본어로만 이야기합니다. 일본어 공부는 아주 재미있습니다. 내년까지 열심히 하겠습니다.

요즘 最近　와 같은 ~と同じ　대학생 大学生　회사원 会社員

처음 初めて　조금 少し　어렵다 難しい　비슷하다 似ている

힘들다 大変だ　저희 私たち　쓰다 使う　만 だけ

이야기하다 話す　아주 とても　재미있다 面白い　열심히 一生懸命に

---

1 この人は今何を習っていますか。（　　）

① 韓国語　　　② 日本語　　　③ 英語　　　④ 中国語

2 内容と一致すれば○、一致していなければ×を付けなさい。

① この人は大学生である。（　　）

② 日本語の先生は韓国語ができない。（　　）

③ 日本語の勉強はとても難しい。（　　）

④ この人は来年日本に留学するつもりである。（　　）

3 最近習っているものについて友達と話してみよう。

◀)) 41

次の会話を聴き、質問に答えよう。

① 2人は明日何時に会う約束をしましたか。(　　)

　　① 11：00　　　② 12：00　　　③ 13：00　　　④ 14：00

② 2人の明日の待ち合わせの場所はどこですか。

　　① 駅の前　　　② 学校　　　③ お店　　　④ 家の近所

③ 会話の内容と一致すれば〇、異なれば×を付けなさい。

　　① 2人は明日一緒にランチを食べる。(　　)

　　② お店は、ソイさんが予約する。(　　)

評価

✔ Self Check　　☆☆☆☆☆
✔ Group Check　☆☆☆☆☆

시차가 있으니까 연락이 쉽지 않을 거예요.

人にアドバイスをしてみよう。

보라

유토

◀)) 42

会話

보라 : 남자 친구랑 헤어지고 싶어요.

유토 : 왜요? 싸웠어요?

보라 : 아니요. 사실은 남자 친구가 어학연수로 캐나다에 갔는데요.

　　　연락을 하면 답이 너무 늦게 와요.

유토 : 역시 장거리 연애는 힘들지요?

　　　시차가 있으니까 연락이 쉽지 않을 거

　　　예요.

보라 : 맞아요. 그래도 처음에는 그렇지 않았

　　　어요.

　　　요즘은 남자 친구를 믿을 수 없어요.

日本語訳

ボラ : 彼氏と別れたいです。

悠斗 : どうしてですか。喧嘩しましたか。

ボラ : いいえ。実は彼氏が語学研修でカナダに行きましたが。

　　　連絡したら、あまりにも返事が遅いんです。

悠斗 : やっぱり遠距離恋愛は大変ですね。

　　　時差があるから連絡が難しいでしょうね。

ボラ : そうですよ。でも、最初はそうじゃなかったんです。

　　　最近は彼氏のことがを信じられません。

남자 친구	彼氏	헤어지다	別れる
싸우다	喧嘩する	사실은	実は
어학연수	語学研修	연락	連絡
답	返事、答え	늦게	遅く
역시	やはり	장거리 연애	遠距離恋愛
힘들다	大変だ、難しい	시차	時差
쉽다	易しい	맞다	合う
그래도	それでも	믿다	信じる

＊네, 맞아요 : そうだ、その通りだ

発音

갔는데요[간는데요]	연락이[열라기]
쉽지[쉽찌]	않을 거예요[아늘꺼에요]
그렇지 않았어요[그러치아나써요]	믿을 수 없어요[미들쑤업써요]

💡 ディクテーションの練習

🔊 43 ① _____

② _____

③ _____

④ _____

1. 確認・同意の要求 −지요?

解説 ある事実について相手に確認を取ったり同意を求めたりするときに使われる。よく「−죠?」に縮約される。

> **形態** 動·形+지요?
>
> 動·形+었지요/았지요/였지요?
>
> 名+이지요/지요?
>
> 名+이었지요/였지요?

例 다나카 씨는 독일어도 할 수 **있지요?** 田中さんはドイツ語もできますよね?

수지 씨도 그 이야기 **알지요?** スジさんもその話知っていますよね?

김 **선생님이지요? 맞지요?** 金先生ですよね?合っていますよね?

✏️ **練習1** 例のような2つの文を1つにしてみよう。

> 例 박 선생님은 한국 사람이에요. 그렇지요?
>
> → 박 선생님은 한국 **사람이지요?**

⑴ 보통 12시에 점심을 먹어요. 그렇지요?

→ _____

⑵ 한국어를 배우고 있어요. 그렇지요?

→ _____

⑶ 지금 서울에 살아요. 그렇지요?

→ _____

⑷ 작년에 한국에 유학을 갔다 왔어요. 그렇지요?

→ _____

⑸ 그 책은 한국어 교과서예요. 그렇지요?

→ _____

2. 理由 -으니까/니까

解説 ある行動の理由に対する個人的な意見を述べるときに使う。

> **形態** 子音語幹の用言の場合：＋으니까
>
> 母音語幹の用言の場合：＋니까
>
> 「ㄹ」語幹の用言：(ㄹ脱落後)＋니까

例 **맛있으니까** 더 먹고 싶어요.　美味しいのでもっと食べたいです。

친구가 **오니까** 방을 치웁시다.　友達が来るので部屋を片付けましょう。

아기가 배가 고파서 **우니까** 빨리 우유를 준비하세요.

　赤ちゃんがお腹空いて泣くので早くミルクを用意してください。

날씨가 **추우니까** 모자를 쓰세요.　天気が寒いので帽子をかぶってください。

補足

① 「-으니까/니까」は、主に話し言葉で用いられる。一方、原因を表す「-어서/아서/여서」(第8課の「-어서/아서/여서(1)」参考)は相手が簡単に受け入れることのできる常識的な事実や普遍的な原理などの理由や根拠として表すときに用いられる。

② 「-으니까/니까」には、命令・勧誘・誘いなどの表現がよく後ろに来るが、「-어서/아서/여서」には命令・勧誘・誘いなどの語尾は来ることはできない。

> **例** 雨が降るので今日の競技をキャンセルしてください。(命令)
>
> 　비가 오니까(○)/와서(×) 오늘 경기를 취소하세요.
>
> 天気が良いので散歩しましょう。(勧誘)
>
> 　날씨가 좋으니까(○)/좋아서(×) 산책을 합시다.
>
> ご飯がないのでインスタントラーメンを作りましょうか。(誘い)
>
> 　밥이 없으니까(○)/없어서(×) 인스턴트 라면을 끓일까요?

注意 さまざまな変則活用に要注意！

 **練習2** 例のように与えられた単語で文を作ってみよう。

> **例** 비, 오다 / 시합, 취소하다　雨、降る / 試合、取り消す
>
> ➜ 비가 오니까 시합을 취소합시다.　雨が降るので試合を取り消しましょう。

(1) 아기, 자다 / 조용히, 이야기하다　赤ちゃん、寝る / 静かに、話す

　➜ _____

(2) 날씨, 덥다 / 에어컨, 켜다　天気、暑い / エアコン、つける

　➜ _____

(3) 대학교 선배, 근처에 살다 / 연락하다　大学の先輩、近くに住む / 連絡する

　➜ _____

(4) 밥, 없다 / 피자, 시키다　ご飯、ない / ピザ、出前をとる

　➜ _____

 **練習3** 次の会話を読み、適切なものに〇をしてみよう。

(1) A:지금 비가 오는데 캠핑에 갈 수 있어요?

　B:비가 많이 (오니까, 와서) 다음주에 갑시다.

(2) A:남자 친구하고 헤어질 거예요.

　B:남자 친구가 다음주에 서울에 (오니까, 와서) 참으세요.

(3) A:몇 시에 떠날까요?

　B:아침에는 길이 (막히니까, 막혀서) 일찍 출발합시다.

(4) A:운전 안 하세요?

　B:자동차가 고장 (나니까, 나서) 움직이지 않아요. (움직이다:動く)

(5) A:아르바이트 날짜 좀 바꿔 줄 수 있어요?

　B:네. 시간이 (많으니까, 많아서) 바꿔 드릴게요.

116

3. 可能形 －을/ㄹ 수 있다[없다]

解説 ある行動ができるかどうかを表す。「－을 수 있다」は、能力を持っているか許可をもらっているため何かが可能であることを表す。一方、「－을 수 없다」は、能力を持っていないか許可が下りていないため何かが不可能であることを表す。日本語の「〜することができる／できない」に当たる。

形態 子音語幹の動＋을 수 있다[없다]
母音語幹の動＋ㄹ 수 있다[없다]
「ㄹ」語幹の動＋을 수 있다[없다]

例 저는 회전 스시를 열 세 접시까지 **먹을 수 있어요**.

이 노래방에서 한국 노래도 **부를 수 있어요**?

저는 알레르기가 있어서 땅콩을 **먹을 수 없어요**.

기다릴 수 없어서 회의를 시작했습니다.

補足 [을 쑤 읻따/업따]と発音される。

練習4 意味を調べ、自分ができるかどうか韓国語で言ってみよう。

韓国語	意味	＋을/ㄹ 수 있어요[없어요]
한글을 읽다	ハングルを読む	한글을 읽을 수 있어요
자전거를 타다		
김치를 만들다 ㄹ変		
당신을 믿다 ㄷ変		
운전을 하다		
하모니카를 불다 ㄹ変		
댄스를 추다		

4. 話者の判断 −을/ㄹ 것이다⑵ [것입니다, 겁니다, 거예요]

解説 3人称主語を取り、ある事柄に対する話し手なりの根拠に基づいた判断を表す
ときに使う。

形態 子音語幹の動・形＋을 것이다
　　　母音語幹の動・形＋ㄹ 것이다
　　　「ㄹ」語幹の動・形(ㄹ脱落後)＋ㄹ 것이다

例 이번 주말에는 사람이 **많을 거예요**.　今週末は人が多いと思います。

오후에는 비가 **올 거예요**.　午後には雨が降るでしょう。

사라 씨도 그 사실을 **알 거예요**.

　　沙羅さんもその事実を知っているはずです。

동생은 아마 그 사람보다 키가 **작을 것입니다**.

　　たぶん弟はその人より背が低いと思います。

박 선생님은 가구도 잘 **만드실 거예요**.

　　朴先生は家具も上手に作られると思いますよ。

注意 完了したと思われることへの推量にも使える。(＋었을/았을/였을 것이다)

例 그 사람은 이미 밥을 **먹었을 것입니다**.

　　その人はもうご飯を食べたでしょう。

엘리베이터는 **고장났을 거예요**.　エレベーターは故障したと思います。

🔍参考　1・2人称主語(第7課)：
話者の意志や誓いを表したり、聴き手の
意志や意向を尋ねたりするときに使う。

・올해는 담배를 꼭 끊을 것입니다.

　　今年は必ずタバコをやめます。

・뭐 먹을 거예요?　何を食べますか。

다음 주 날씨　来週の天気			
월	건조하다　　　　　乾燥している	기온이 높다　　　気温が高い	
화	비가 내리다 ☂ 雨が降る	춥다　　　　　　寒い	
수	따뜻하다　　　　あたたかい	맑다 ☀　　　　晴れる	
목	덥다　　　　　　暑い	습기가 많다　　　湿気が多い	
금	바람이 불다　　　風が吹く	흐리다 ♣　　　曇る	
토	흐리다 ♣　　　曇る	가끔 비가 오다 ☂ 時々雨が降る	
일	태풍이 오다　　　台風が来る	바람이 많이 불다　風が強い	

> 例 A : 다음 주 월요일 날씨는 어때요?　来週月曜日の天気はどうですか。
>
> B : 건조하고 기온이 높을 거예요.　乾燥して気温が高いと思います。

⑴ 다음 주 화요일 날씨는 어때요?　_____

⑵ 다음 주 수요일 날씨는 어때요?　_____

⑶ 다음 주 목요일 날씨는 어때요?　_____

⑷ 다음 주 금요일 날씨는 어때요?　_____

⑸ 다음 주 토요일 날씨는 어때요?　_____

⑹ 다음 주 일요일 날씨는 어때요?　_____

次のブログを読み、質問に答えてみよう。

게시글 : 남자친구랑 헤어지고 싶어요.

작성자 : Forget-me-not

　여러분의 의견을 듣고 싶습니다. 제 남자 친구는 지금 캐나다에서 어학 연수를 해요. 그리고 한달 뒤에 한국으로 돌아와요. 장거리 연애 1년째이고요. 캐나다랑 서울의 시차는 여덟 시간이에요.

　처음에는 SNS도 자주 하고 영상 통화도 많이 했어요. 그런데 시간이 지나니까 서로 연락을 잘 안 하게 돼요. 메시지를 보내면 답이 너무 늦어요. 역시 시차 때문에 너무 힘들어요. 목소리를 들으면 안심이 되지만, 전화를 끊으면 다시 외롭고 힘들어요. 어떻게 하면 좋을까요?

Mintchoco : 한달만 참으세요. 첫 데이트를 기억하세요.

A rosy life : 한달을 기다릴 수 없어요? 님한테 문제가 있는 거 아니에요?

Goodmorinig kitty : 사랑이 식었네요. 헤어지세요.

Sweet mango : Forget-me-not님도 외국으로 어학 연수를 떠나세요.

게시글 掲示文　작성자 作成者　의견 意見　돌아오다 帰る　자주 頻繁に
영상 통화 ビデオ電話　목소리 声　안심 安心　끊다 切る　참다 我慢する
기억하다 覚える　기다리다 待つ　식다 冷める　떠나다 去る、離れる

---

1 内容と一致すれば○、異なれば×を付けなさい。

　① 남자 친구는 메시지에 답을 안 해요. (　　　　)

　② 한달 뒤에 남자 친구와 만날 수 있어요. (　　　　)

　③ 남자 친구의 목소리를 들으면 외롭고 힘들어요. (　　　　)

　④ 한국과 캐나다는 시차가 6시간이에요. (　　　　)

2 皆さんは誰のアドバイスがいいと思いますか。その理由は？

活動：
말하기

友達と質問し合ってみよう。

質問	友達1	友達2
① 먹을 수 없는 과일이 있어요?		
② 무슨 야채를 먹을 수 없어요?		
③ 잘 만들 수 있는 요리는 뭐예요?		
④ 무슨 운동을 할 수 있어요?		
⑤ 한국어 노래를 부를 수 있어요?		
⑥ 무슨 악기를 연주할 수 있어요?		
⑦ 휘파람을 불 수 있어요?		
⑧ 물구나무를 설 수 있어요?		

*휘파람을 불다 口笛を吹く　　물구나무를 서다 逆立ちをする

活動：
듣기×
말하기

次のメニューについてよく聴き、注文してみよう。

44

〈오늘의 추천 메뉴〉♥ 해피 커플 세트 ♥ 5800엔	
샐러드：	야채 샐러드 / 시저 샐러드
메인 요리：	돼지고기 바비큐
파스타：	올리브 파스타 / 토마토 파스타
사이드 메뉴：	구운 감자 / 감자튀김 / 볶은 야채
음료：	콜라 or 사이다 or 커피 / 맥주

1 무엇을 주문했어요? ____________________

2 모두 얼마예요? ____________________

評価

✔ Self Check ☆☆☆☆☆

✔ Group Check ☆☆☆☆☆

여권 사진은 흰 옷을 입고 찍으면 안 돼요.

旅行準備の話しをしてみよう。

유토　보라

45

会話

유토 : 보라 씨, 유학 준비는 잘 하고 있어요?

보라 : 네, 요즘 일본어를 배우러 학원에 다녀요.

유토 : 그렇군요. 여권은 만들었어요?

보라 : 아니요, 아직 못 만들었는데요. 내일 사진 찍으러 갈 거예요.

유토 : 여권 사진은 흰 옷을 입고 찍으면 안 돼요. 알지요?

보라 : 아, 그래요? 몰랐네요. 가르쳐 줘서 고마워요.

日本語訳

悠斗 : ボラさん、留学の準備は進んでいますか。

ボラ : はい、最近日本語を習いに日本語教室に通っています。

悠斗 : そうですか。パスポートは作りましたか。

ボラ : いいえ、まだですが。明日写真撮りに行くつもりです。

悠斗 : パスポートの写真は、白い服を着て撮ったらだめですよ。知っていますよね。

ボラ : そうですか。知りませんでした。教えてくれてありがとうございます。

준비	準備	학원	教室
다니다	通う	여권	パスポート
내일	明日	사진	写真
찍다	撮る	희다	白い
옷	服	입다	着る
알다	知る、分かる	모르다	知らない、分からない

発音

그렇군요 [그러쿤뇨]	못 만들었는데요 [몬만드런는데요]
갈 거예요 [갈꺼에요]	흰 옷을 [히노슬]
몰랐네요 [몰란네요]	

ディクテーションの練習

🔊 46 ① _____

② _____

③ _____

④ _____

1. | 進行形 　−고 있다

解説 進行中の動作を表すときに使う。韓国語では普通の現在形でも動作の進行を表すことができるが、進行形を使うことでより動作の進行を強調することができる。

形態 動＋고 있다

例 민호 씨는 지금 밥을 **먹고 있습니다.**

　　　ミンホさんは今ご飯を食べています。

　　저는 학교에서 한국어를 **배우고 있어요.**

　　　私は学校で韓国語を習っています。

　　아이가 **울고 있어요.** 　子どもが泣いています。

練習1 例のように職業(a)に合わせた行動(b)を「−고 있어요」を用いて(c)に書いてみよう。

　　　　　(a)　　　　　　　　　　　　　　　(b)

⑴　　은행원・──────────・돈을 세다　お金を数える

⑵　　선생님・　　　　　　　　　・환자를 진찰하다　患者を診察する

⑶　　　의사・　　　　　　　　　・학생을 가르치다　学生を教える

⑷　미용사・　　　　　　　　　・머리를 자르다　髪を切っている

⑸　요리사・　　　　　　　　　・음식을 만들다　料理を作る

　　　　　　　　　　　(c)

⑴ (은행원)이/가 (돈)을/를 (　세고 있어요　).

⑵ (　　　　　)이/가 (　　　)을/를 (　　　　　　　　　).

⑶ (　　　　　)이/가 (　　　)을/를 (　　　　　　　　　).

⑷ (　　　　　)이/가 (　　　)을/를 (　　　　　　　　　).

⑸ (　　　　　)이/가 (　　　)을/를 (　　　　　　　　　).

2. 移動の目的 －으러/러 가다(오다, 다니다, …)

解説 移動動詞と一緒に使われ、その移動の目的を表す。

> **形態** 子音語幹の動＋으러 가다
>
> 母音語幹の動＋러 가다
>
> 「ㄹ」語幹の動(ㄹ脱落後)＋러 가다

例 은행에 돈을 **찾으러 갑니다.** 銀行へお金を下ろしに行きます。

영어를 **배우러 다닙니다.** 英語を習いに通っています。

일본 요리를 **만들러 왔습니다.** 日本料理を作りに来ました。

練習2 文脈に合わせて文章を完成し、日本語訳をしてみよう。

> 어제는 남자 친구 생일이어서 아주 바빴습니다. 아침에는 학교에 (①공부하다)으러/러 갔습니다. 수업이 끝나고 학생 식당에 (②점심을 먹다)으러/러 갔습니다. 빨리 점심을 먹고 백화점에 (③선물을 사다)으러/러 갔습니다. 백화점에서 지갑을 하나 샀습니다. 그리고 집에 돌아오는 길에는 남자 친구를 (④만나다)으러/러 집 근처 커피숍에 갔습니다. 남자 친구는 제 선물을 받고 아주 기뻐했습니다.

① _____ ② _____

③ _____ ④ _____

日本語訳

> _____
>
> _____
>
> _____
>
> _____

例	선물을 사다	책을 빌리다	진찰을 받다
	머리를 자르다	돈을 찾다	비행기를 타다

(1)	가 : 어디에 가요?
	나 :　　　선물을 사러 백화점에　　　가요.
	日本語訳 :

(2)	가 : 어디에 가요?
	나 :　　　　　　　　　　　　　　　가요.
	日本語訳 :

(3)	가 : 병원에는 무슨 일로 가요?
	나 :　　　　　　　　　　　　　　　가요.
	日本語訳 :

(4)	가 : 공항에는 무슨 일로 가요?
	나 :　　　　　　　　　　　　　　　가요.
	日本語訳 :

(5)	가 : 도서관에는 무엇을 하러 가요?
	나 :　　　　　　　　　　　　　　　가요.
	日本語訳 :

(6)	가 : 은행에는 무엇을 하러 가요?
	나 :　　　　　　　　　　　　　　　가요.
	日本語訳 :

3. 形容詞の連体形 　－은/ㄴ 名

解説 後ろの名詞を修飾する形容詞の活用形で、その名詞がある属性を持っていることや、現在の状態であることを表す。

形態 子音語幹の形＋은

母音語幹の形＋ㄴ

「ㄹ」語幹の形(ㄹ脱落後)＋ㄴ

例 좋은 날씨인데 밖으로 놀러 갑시다. 　良い天気ですが、外に遊びに行きましょう。

예쁜 옷을 사고 싶어요. 　可愛い服が買いたいです。

너무 **단** 음식은 피하세요. 　あまり甘い食べ物は控えてください。

注意 「있다」「없다」がついている形容詞の「맛있다」「재미있다」などは、形容詞の連体形ではなく動詞の連体形「－는」で活用される(第8課の動詞の現在連体形「－는」参考)。

✎ **練習4** 形容詞の連体形を書いてみよう。

形容詞	意味	形容詞の連体形(＋은/ㄴ)
작다	小さい	작은
크다	大きい	큰
좋다		
나쁘다		
깨끗하다		
조용하다		
달다 ㄹ変		
춥다 ㅂ変		
멀다 ㄹ変		
가깝다 ㅂ変		

✏️ **練習5** 例のように会話を完成してみよう。

> 例 가：어떤 가방을 찾고 있으세요?
>
> 나：___작고 가벼운___ 은/ㄴ 가방을 찾고 있어요.

⑴ 가：어떤 사람이 좋아요?

　　나：_____ 사람이 좋아요.

⑵ 가：어떤 곳에 여행을 가고 싶어요?

　　나：_____ 곳에 가고 싶어요.

⑶ 가：어떤 옷을 살 거예요?

　　나：_____ 옷을 살 거예요.

⑷ 가：어떤 음악을 좋아해요?

　　나：_____ 음악을 좋아해요.

⑸ 가：어떤 영화를 보러 갈까요?

　　나：_____ 영화를 보러 갑시다.

⑹ 가：당신은 어떤 사람입니까?

　　나：저는 _____ 사람입니다.

4. 禁止 　−으면/면 안 되다

解説 ある動作を禁じることを表す。

> **形態** 子音語幹の動・形＋으면 안 되다
>
> 　　　母音語幹の動・形＋면 안 되다
>
> 　　　「ㄹ」語幹の動・形(ㄹ脱落後)＋면 안 되다

例 여기서는 사진을 **찍으면 안 됩니다.**　ここでは写真を撮ったらだめです。

고등학생이 술을 **마시면 안 됩니다.**

　高校生はお酒を飲んだらいけません。

이 상자는 절대로 **열면 안 됩니다.**　この箱は絶対開けたらいけません。

練習6 絵を見て、禁止文を書いてみよう。

(1)		쓰레기를 버리면 안 됩니다. ゴミを捨てたらだめです。
(2)		_____
(3)		_____
(4)		_____

次の文を読み、質問に答えよう。

> 지난 연말에 좋아하는 가수의 콘서트가 있어서 한국에 갔습니다. 일본에서는 친구들과 같이 콘서트장에 자주 갑니다. 하지만 한국에서 콘서트장에 가는 것은 처음이었습니다.
>
> 한국의 콘서트장은 아주 활기가 넘쳤습니다. 아이돌의 기념품도 많이 팔고 여기저기서 사진을 찍는 사람들도 많았습니다. 일본에서는 보통 콘서트장 안에서 사진을 찍으면 안 됩니다. 하지만 한국에서는 괜찮았습니다. 저도 친구와 같이 사진을 많이 찍었습니다.
>
> 콘서트는 아주 재미있었습니다. 모두 자리에서 일어나서 신나게 춤을 추고 같이 노래를 불렀습니다. 옆에 있는 한국 사람들이 '일본 사람이지요? 재밌게 즐기세요!' 라고 말을 걸어 줬습니다.

연말 年末　활기 活気　넘치다 溢れる　기념품 記念グッズ　팔다 売る
여기저기 あちこち　보통 普通　모두 皆　자리 席　일어나다 立ち上がる
신나게 楽しげに　즐기다 楽しむ　말을 걸다 声をかける

① この人が韓国に行った目的は何ですか。

_____

② 内容と一致すれば〇、一致していなければ×を付けなさい。

① 韓国ではコンサート会場で写真を撮っても構わない。（　　）

② 今回1人で韓国のコンサートに行った。（　　）

③ この人は日本ではコンサートに行ったことがない。（　　）

③ 韓国で楽しかった場所あるいは活動について話してみよう。

次の会話を聴き、質問に答えよう。

◀)) 47

① 女性が福岡に行って来た理由は何ですか。日本語で書きなさい。

_____

② コンサートチケットはどうやって手に入れられますか。（　　　）

① オンライン先着順　　　　② オークション

③ 現場販売　　　　　　　　④ オンライン抽選

③ この会話の内容と一致すれば〇、異なれば×を付けなさい。

① 女性は東京会場のチケットは、最初から諦めていた。（　　　）

② 女性は福岡に住んでいる。（　　　）

③ コンサートはとても楽しかった。（　　　）

④ 次のコンサートは来年行われる予定だ。（　　　）

評価

✔ Self Check　　☆☆☆☆☆
✔ Group Check　☆☆☆☆☆

반려동물을 키울 수 있는 집을 원해요.

住みたい住宅について説明してみよう。

유토　　보라

 48 **会話**

유토 : 부동산 사이트에서 보라 씨 집을 찾고 있어요.

　　　원하는 조건이 있어요?

보라 : 역에서 내려서 5분 내에 집에 도착할 수 있는 곳을 원해요.

　　　또 반려동물을 키울 수 있는 집이 좋아요.

유토 : 새로 지은 원룸이 하나 있어요.

보라 : 평면도를 메일로 보내줄 수 있으세요?

유토 : 네. 아마 보라 씨 마음에 들 거예요.

보라 : 근데 유토 씨 요즘 바쁘세요? 혹시 바쁘지 않으면 직접 가서

　　　집을 좀 확인해 줄 수 있으세요?

日本語訳

悠斗 : 不動産サイトでボラさんの家を探しています。希望する条件がありますか。

ボラ : 駅から降りて5分以内に自宅に到着できる所が希望です。

　　　また、ペットを飼える家がいいです。

悠斗 : 新築のワンルームが一軒ありますね。

ボラ : 平面図をメールで送っていただけますか。

悠斗 : はい。たぶんボラさんの気に入ると思います。

ボラ : ところで、悠斗さんは最近お忙しいですか。もし忙しくなければ、直接行って家

　　　を確認していただけますか。

부동산	不動産	사이트	サイト
찾다	探す	원하다	願う、望む
조건	条件	또	また
반려동물	ペット	키우다	飼う、育てる
새로	新しく、新たに	짓다	建てる
원룸	ワンルーム	평면도	平面図
아마	たぶん、恐らく	마음에 들다	気に入る
혹시	もしかして	직접	直接(に)
확인하다	確認する		

発音

찾고 [찯꼬]	원하는 [워나는]
좋겠어요 [조케써요]	반려동물 [발려동물]
있네요 [인네요]	들 거예요 [들꺼에요]

💡 ディクテーションの練習

))) 49　①　_____

②　_____

③　_____

④　_____

1. 「ㅅ」変則用言

解説 語幹が「ㅅ」で終わる用言の一部には、母音で始まる語尾が付くと「ㅅ」が脱落するものがある。

形態 語幹が「ㅅ」で終わる用言＋어요/아요/여요：

・낫다(病気が治る、マシだ)　　　　낫＋아요 → 나아요

・짓다(家を建てる、ご飯を炊く)　짓＋어요 → 지어요

例 너무 많이 울어서 눈이 **부었어요**.　　泣きすぎて目が腫れました。

　부모님의 가게를 **이어서** 제가 경영하려고 해요.

　　両親の店を継いで私が経営しようとします。

　오징어게임에서는 땅에 **그은** 선을 밟으면 안 돼요.

　　イカゲームでは地面に引いた線を踏んだらダメです。

　물과 튀김가루의 비율을 2:1로 큰 그릇에 넣고 **저어요**.

　　お水とてんぷら粉の比率を2:1で大きい器に入れて、かき混ぜます。

✎ 練習1　「ㅅ」変則用言を活用してみよう。

	意味	＋어요/아요/여요	＋는	＋은/ㄴ
짓다	建てる、炊く	지어요	짓는	지은
긋다	線を引く			
젓다	かき混ぜる、漕ぐ			
낫다	動 治る			
	形 マシだ			
붓다	腫れる、注ぐ			
잇다	繋ぐ、継ぐ			

2. 動詞の過去連体形　−은/ㄴ 名

解説 後ろに来る名詞を修飾する活用形。その名詞は過去に行われた動作によるものであることを表す。日本語の「〜した 名」に当たる。

> **形態** 子音語幹の動＋은 名
>
> 　　　母音語幹の動＋ㄴ 名
>
> 　　　「ㄹ」語幹の動(ㄹ脱落後)＋ㄴ 名

例 사이트에서 **찾은** 집을 직접 보러 갔어요.

　　サイトで探した家を直接見に行きました。

　　어제 **열린** 야구 시합에서 우리 팀이 이겼어요.

　　昨日開かれた野球の試合で私のチームが勝ちました。

　　조금 전에 **만든** 음식인데 한번 드셔 보세요.

　　少し前に作った料理ですが、一度召し上がってみてください。

補足 「코트를 입은 여자(コートを着ている女性)」、「결혼한 사람(結婚している人)」、「고장난 전화(故障している電話)」など着用動詞や瞬間変化動詞の場合は過去に起きたことが変わらず今も続いているという意味で日本語の進行形に訳される。

✏ **練習2** 過去の連体形に活用してみよう。

動詞	＋은/ㄴ	動詞	＋은/ㄴ
찍다	찍은	키우다	키운
도착하다		정하다	
켜다		튀기다	
신다 ㄷ変		돕다 ㅂ変	
살다 ㄹ変		들다 ㄹ変	
짓다 ㅅ変		줍다 ㅂ変	

✏️ 練習3　連体形を使い、後ろの名詞を修飾してみよう。

> 例 나, 키우다, 병아리　私、飼う、ひよこ
>
> → 내가 키운 병아리　私が飼ったひよこ

⑴ 어제, 도착하다, 짐　昨日、到着する、荷物

→ _____

⑵ 100년 전, 짓다, 건물　100年前、建てる、建物

→ _____

⑶ 마라톤대회, 찍다, 사진　マラソン大会、撮る、写真

→ _____

⑷ 크리스마스, 만들다, 딸기 케이크　クリスマス、作る、イチゴケーキ

→ _____

⑸ 트럭, 싣다, 책장　トランク、積む、本棚

→ _____

⑹ 어렸을 때, 사다, 장난감　子どもの時、買う、おもちゃ

→ _____

3.　先行動作　－어서/아서/여서⑵

解説 前の事柄と後の事柄が順次に起こることを表す。動作主体は同一であり、前の動作の影響が後の動作の前提となる。

形態 動の語幹＋어서/아서/여서

例 **앉아서** 말씀하세요.　座って(その状態で)お話をなさってください。

공항에서 **내려서** 바로 전화하세요.

空港から降りて(そこで)すぐ電話をしてください。

자장면을 **배달해서** 먹었어요.　ジャージャー麺を出前して(それを)食べました。

補足「－고」は前後動作に緊密な関係は見られなく、ただ２つ以上の動作が順次に行われることを表すが、「－어서/아서/여서」は前の事柄が後の事柄の前提となるため、緊密な関係性を持ったまま後に動作が行われることを表す。

例 엄마를 **만나고** 병원에 갔어요.

お母さんと会って、(別れてから)病院に行きました。

엄마를 **만나서** 병원에 갔어요.

お母さんと会って、(一緒に)病院に行きました。

> 🔍**参考**　原因・理由의 어서/아서/여서⑴(第8課)
>
> ：ある事柄の原因や行動の理由を表す。
>
> ・돈이 없어서 차를 못 샀어요.
>
> 　お金がなくて車が買えなかったです。
>
> ・갑자기 비가 와서 옷이 다 젖었어요.
>
> 　急に雨が降って来て服が全部濡れました。

✏️ 練習4 例のように文を作ってみよう。

> 例 나, 앉다 / 바이올린, 연주하다　私、座る / バイオリン、演奏する
>
>   ➜ 나는 앉아서 바이올린을 연주했어요.
>   私は座って(その状態で)バイオリンを演奏しました。

⑴ 할머니, 역, 내리다 / 걸어가다　おばあさん、駅、降りる / 歩いていく

   ➜ _____

⑵ 선생님, 교실, 나가다 / 전화하다　先生、教室、出る / 電話する

   ➜ _____

⑶ 사진, 찍다 / 친구, 보내다　写真、撮る / 友達、送る

   ➜ _____

⑷ 선물, 사다 / 친구, 주다　プレゼント、買う / 友人、あげる

   ➜ _____

⑸ 언니, 만나다 / 밥, 먹다　姉、会う / ご飯、食べる

   ➜ _____

⑹ 집, 가다 / 숙제, 하다　家、帰る / 宿題、する

   ➜ _____

⑺ 친구, 음식, 만들다 / 같이 먹다　友達、食べ物、作る / 一緒に食べる

   ➜ _____

✏️ 練習5 ( )の中で適切なものに○をして、読んでみよう。

⑴ A：아침에 (일어나서), 일어나고) 제일 먼저 뭘 해요?

B：세수를 (해서, 하고)) 옷을 입어요.

⑵ A：역에서 (내려서, 내리고) 어떻게 집에 가요?

B：(걸어서, 걷고) 가요.

C：자전거를 (타서, 타고) 가요.

⑶ A：라멘에 뭘 (넣어서, 넣고) 먹어요?

B：삶은 계란을 넣어요.

⑷ A：학교에 (도착해서, 도착하고) 제일 먼저 뭘 해요?

B：도서관에 (가서, 가고) 자리를 잡아요.

C：친구를 (만나서, 만나고) 같이 예습을 해요.

⑸ A：어떤 음식을 (시켜서, 시키고) 먹을까요?

B：양념치킨을 (배달해서, 배달하고) 먹읍시다.

⑹ A：선생님은 (앉아서, 앉고) 가르치세요?

B：아니요. (서서, 서고) 가르치세요.

⑺ A：도시락을 (사서, 사고) 먹어요?

B：아니요. (만들어서, 만들고) 먹어요.

⑻ A：선물을 (만들어서, 만들고) 친구한테 줘요?

B：아니요. (사서, 사고) 줄 거예요.

4. 「으」変則用言

【解説】 語幹が「ㅡ」で終わる用言は、母音で始まる語尾が付くと「ㅡ」が脱落される。
語尾の選択基準は「으」の直前の母音となる。

【例】 너무 기뻐서 눈물이 나왔어요. [기쁘＋어서→기 ㅃ ＋어서 ➔ 기뻐서]
   あまりにも嬉しくて涙が出ました。

 눈이 나빠서 안경을 써요. [나쁘＋아서→나 ㅃ ＋아서 ➔ 나빠서]
   目が悪くて眼鏡をかけています。

【補足】 「빠르다, 누르다」のように語幹が「르」で終わる用言のほとんどは「르」変則
用言として別扱いする。(→第14課)

✎ 練習6   「으」変則用言を活用してみよう。

	意味	해요体 (現在)	어서/아서/여서	으니까/니까	連体形 (現在)
쓰다	書く/使う	써요	써서	쓰니까	쓰는
	苦い				쓴
끄다	消す				
바쁘다	忙しい				
예쁘다	可愛い				
나쁘다	悪い				
기쁘다	嬉しい				
슬프다	悲しい				

◀)) 50

次の文を聴いて(　　)の中に動詞の正しい形を書いてみよう。

---

① 보라 씨는 새로 (　　　　　　　) 원룸을 계약할 거예요.

② 보라 씨는 어젯밤에 너무 많이 울어서 눈이 (　　　　　　).

③ 이곳은 50년 전에 (　　　　　　) 공항인데 내년에 확장

공사를 할 거예요.

④ 이 그릇에 물을 좀 (　　　　　) 주세요.

⑤ 다 (　　　　　) 꼭 연락하세요.

⑥ 저 안경이 훨씬 (　　　　　　).

계약하다 契約する　　어젯밤 昨夜　　공항 空港　　확장 拡張

공사 工事　　그릇 器　　안경 眼鏡　　훨씬 ずっと、はるかに

次の文を読んで答えてみよう 。

　　저는 지금 원룸에 살아요. 그런데 지금 집은 너무 좁아서 3
월 말에 조금 더 큰 집으로 이사하고 싶어요. 제가 원하는 조
건은 첫째, 역하고 가까운 집이에요. 역까지 걸어서 가면 좋겠
어요. 둘째, 남향집이에요. 셋째는 벌레가 없는 집이에요. 저
는 벌레가 무서워요. 마지막으로 인터넷을 공짜로 쓸 수 있는
집을 구해요. 저는 전공이 프로그래밍이어서 마지막 조건은
양보할 수 없어요. 어제 부동산에 갔는데 새로 지은 아파트가
있었어요. 딱 제가 원하는 집이어서 아주 기뻤어요. 빨리 계
약하고 싶어요.

좁다 狭い　　이사하다 引っ越しする　　조건 条件　　남향 南向き　　벌레 虫

무섭다 怖い　　마지막 最後　　인터넷 インターネット　　공짜 ただ, 無料

구하다 求める、探す　　전공 専攻　　프로그래밍 プログラミング

양보하다 譲る　　아파트 アパート　　딱 ちょうど、ぴったり

계약하다 契約する

1 この人の引っ越ししたい理由は何ですか。

① 역하고 멀어서

② 벌레가 있어서

③ 원룸이 좁아서

2 この人の希望条件ではないものは何ですか。

① 역까지의 거리　② 집의 방향　　③ 집의 크기　　　④ 반려동물

3 内容と一致すれば〇、異なれば×を付けなさい。

① 이 사람은 4월 말에 이사하고 싶어 해요. (　　)

② 이 사람이 원하는 조건의 집은 없었어요. (　　)

③ 이 사람은 인터넷을 많이 사용해요. (　　)

10年後に住みたい家はどんな家ですか。次のリストにチェックして友達と話し合ってみよう。

チェックリスト	✔
① 마당이 있어요.	
② 걸어서 역까지 5분이에요.	
③ 편의점과 슈퍼가 가까워요.	
④ 방이 넓고 깨끗해요.	
⑤ 바다가 보이고 경치가 예뻐요.	
⑥ 집 주변이 조용해요.	
⑦ 반려동물을 키울 수 있어요.	
⑧ 자전거를 주차할 수 있는 곳이 넓어요.	
⑨ 공기가 좋아요.	
⑩ 치안이 좋아요.	

評価

✔ Self Check ★☆☆☆☆
✔ Group Check ★☆☆☆☆

설탕을 너무 많이 넣지 마세요.

料理の話をしてみよう。

보라   유토

🔊 51 **会話**

보라 : 유토 씨, 이거 제가 만든 갈비찜인데 한번 드셔 보세요.

유토 : 우아, 갈비찜도 만들 수 있으세요? 대단하시네요!

보라 : 지난번에 먹은 갈비찜이 너무 맛있어서 유튜브 보면서 만들어 봤어요.

유토 : 저한테도 만드는 법을 좀 가르쳐 주세요.

보라 : 제가 자주 보는 음식 관련 유튜브 채널을 알려 드릴게요.

그리고 설탕은 너무 많이 넣지 마세요. 단맛은 파인애플이나 키위로 내는 것이 좋아요.

日本語訳

ボラ : 悠斗さん、これ、私が作ったカルビチムですが、一度召し上がってみてください。

悠斗 : わぁ、カルビチムも作れますか。すごいですね。

ボラ : この前食べたカルビチムがあまりにもおいしくてユーチューブ見ながら作ってみました。

悠斗 : 私にもちょっと作り方を教えてください。

ボラ : 私がよく見ているユーチューブチャンネルをお教えします。それと、砂糖はあまりたくさん入れないでください。甘味はパイナップルとかキウイで出した方がいいです。

갈비찜	(料理名)カルビチム	드시다	召し上がる
대단하다	すごい	맛있다	おいしい
유튜브	ユーチューブ	법	方法、やり方
자주	よく、頻繁に	관련	関連、関係
채널	チャンネル	알리다	知らせる、教える
설탕	砂糖	넣다	入れる
파인애플	パイナップル	키위	キウイ
단맛	甘味	맛을 내다	味を出す

発音

관련 [괄련]	알려줄게요 [알려줄께요]
넣어서 [너어서]	

ディクテーションの練習

◀)) 52 ① _____

② _____

③ _____

④ _____

1. | 試み　－어/아/여 보다 |

解説 何かやってみる試みを表す。「보다」が過去形になると、経験を表すこともできる。

形態 語幹の最後が陰性母音の場合：＋어 보다

語幹の最後が陽性母音の場合：＋아 보다

「하다」の場合：＋여 보다(➜ 해 보다)

例 이 책을 한번 **읽어 보세요**.　この本を一度読んでみてください。

한국에 여행을 **가 봤어요**.　韓国に旅行に行ってみました。

혼자서 **연습해 봤어요**.　一人で練習してみました。

注意 望ましくない経験を表す際は使わない。(→第15課の「－은/ㄴ 적이 있다」参考)

例 저는 코로나에 (걸려 봤어요✕ / 걸린 적이 있어요○).

私はコロナにかかったことがあります。

교통사고를 (당해 봤어요✕ / 당한 적이 있어요○)?

交通事故に遭ったことがありますか。

練習1　次の動詞の形を変えてよう。

動詞	意味	＋어/아/여 보세요	＋어/아/여 봤어요
찾다	探す	찾아 보세요	찾아 봤어요
드시다			
시험하다			
만들다			
듣다 ㄷ変			
줍다 ㅂ変			

2. 同時動作 －으면서/면서

解説 2つの動作が同時に行われていることを表す。前後の動作主(主語)は、一致しなければならない。

> **形態** 子音語幹の動＋으면서
>
> 母音語幹の動＋면서
>
> 「ㄹ」語幹の動(ㄹ脱落後)＋면서

例 아버지가 문을 **닫으면서** 조용히 말씀하셨어요.

父が扉を閉めながら静かにおっしゃいました。

텔레비전을 **보면서** 밥을 먹어요. テレビを見ながらご飯を食べます。

노래를 **들으면서** 숙제를 해요. 歌を聴きながら宿題をします。

練習2 例のように2つの文を繋いでみよう。

> **例** 음악을 들어요. 동시에 커피를 마셔요. 音楽を聞きます。同時にコーヒーを飲みます。
>
> → 음악을 들으면서 커피를 마셔요. 音楽を聞きながらコーヒーを飲みます。

⑴ 껌을 씹어요. 동시에 이야기하는 것은 좋지 않아요.

→ _____

⑵ 전화를 해요. 동시에 메모를 했어요.

→ _____

⑶ 다나카 씨가 문을 열어요. 동시에 방안으로 들어왔어요.

→ _____

⑷ 차를 마셔요. 동시에 친구와 이야기해요.

→ _____

⑸ 노래를 부릅니다. 동시에 춤을 춰요.

→ _____

3. 方法 -는 법

解説 何かのやり方を表す。

形態 動+는 법

      (「ㄹ」語幹の動(ㄹ脱落後)+는 법)

例 한글 **읽는 법**을 배웠습니다.　ハングルの読み方を習いました。

    한국어 사전을 **찾는 법**을 모릅니다.　韓国語の辞書の引き方が分かりません。

    김치 **만드는 법**을 가르쳐 주세요.　キムチの作り方を教えてください。

練習3 会話を完成してみよう。

⑴ A:한국 요리를 만들고 싶은데 그 방법을 잘 모르겠어요.

    B:그러면 제가 ＿＿＿＿＿＿＿＿＿＿＿을 가르쳐 드릴까요?

⑵ A:이거 신청하고 싶은데 어떻게 하면 돼요?

    B:잠깐만요. 제가 ＿＿＿＿＿＿＿＿＿＿＿을 가르쳐 드리겠습니다.

⑶ A:자전거를 못 타서 배우고 싶어요.

    B:그러면 제가 ＿＿＿＿＿＿＿＿＿＿＿을 가르쳐 드릴게요.

⑷ A:잘 읽네요. ＿＿＿＿＿＿＿＿＿＿＿은 어디에서 배웠어요?

    B:지금 학교에서 한국어 수업을 듣고 있어요.

⑸ A:테니스를 정말 잘 치시네요!

    B:초등학생 때 아빠한테서 ＿＿＿＿＿＿＿＿＿＿＿을 배웠어요.

4. 　否定命令　-지 말다[마세요, 마십시오, 맙시다]

解説 命令文や勧誘文の場合、否定形として「+지 말다」を用いる。

形態 **命令文**の場合：動+지 마세요, 마십시오

　　　勧誘文の場合：動+지 맙시다, 마십시다

例 콘서트장 안에서는 **사진을 찍지 마세요.**

　　コンサート会場の中では写真を撮らないでください。

　가게 안에서 담배를 **피우지 마십시오.**

　　店の中ではタバコを吸わないでください。

　오늘은 동아리에 **가지 맙시다.** 　今日は部活行くのやめよう。

練習4 絵を見て、否定の命令文を書いてみよう。

(1)		여기에 쓰레기를 버리지 마십시오. ここにゴミを捨てないでください。
(2)	立入禁止	
(3)		
(4)		

⑴ A:이건 제가 할까요?

　　B:아니요, ＿＿＿＿＿＿＿＿＿＿＿＿＿＿＿. 제가 할게요.

⑵ A:약속 시간에 늦었는데 택시를 탈까요?

　　B:아니요, 이 시간에는 길이 많이 막혀요.

　　　그러니까 택시는 ＿＿＿＿＿＿＿＿＿＿＿＿＿＿＿＿＿

⑶ A:오늘 저녁은 제가 준비할게요.

　　B:아니요, ＿＿＿＿＿＿＿＿＿＿＿＿＿＿. 밖에서 먹읍시다.

⑷ A:오늘 동아리는 어떻게 할 거예요? 갈 거예요?

　　B:아니요, 너무 피곤해요. 우리 그냥 같이 ＿＿＿＿＿＿＿＿＿＿＿

⑸ A:여기는 제가 계산할게요.

　　B:아니에요, ＿＿＿＿＿＿＿＿＿＿＿＿＿＿＿＿＿＿＿＿

　　제가 어제 보너스를 탔으니까 여기는 제가 사겠습니다.

⑹ A:이 프로젝트는 우리 팀에서 맡아서 합시다.

　　B:아니요, ＿＿＿＿＿＿＿＿＿＿＿＿＿. 이건 너무 힘든 프로젝트예요.

次の文を読み、質問に答えよう。

> 한국 음식에는 국물 요리가 많습니다. 그래서 한국 사람들은 식사를 할 때 젓가락과 함께 숟가락도 사용합니다. 한국에서는 일본처럼 식사할 때 그릇을 들고 먹지 않는데 그 이유도 뜨거운 국물 요리가 많기 때문입니다.
>
> 한국의 국물 요리를 나타내는 이름으로는 '국', '찌개', '전골', '탕'이 있습니다. 그 중 대표적인 것은 '국'과 '찌개'인데 국물과 건더기의 비율에 따라 구분할 수 있습니다. 즉, 국물이 많고 건더기가 적은 것이 '국'이고, 반대로 국물이 적고 건더기가 많은 것이 '찌개'입니다. '전골'은 '찌개'와 비슷한데, 즉석에서 요리해서 먹는 점이 '찌개'와 다릅니다. 그리고 '탕'은 재료를 오랫동안 끓여 만듭니다.

국물 スープ　젓가락 箸　숟가락 スプーン　처럼 ～のように　그릇 器

들다 持つ、持ち上げる　이유 理由　뜨겁다 熱い

～기 때문이다 ～であるためだ　대표적인 代表的な　건더기 スープの具

비율 比率　에 따라 ～によって　구분하다 区別する　반대로 反対に

즉석에서 即座で、すぐに　오랫동안 長い間

---

[1] 内容と一致すれば○、一致していなければ×を付けなさい。

① 日本では器を手に持って食事をする。（　　　）

② 韓国では食事の時、箸もスプーンも使う。（　　　）

③ キムチチゲは具よりスープの多い料理である。（　　　）

④ 日本の鍋料理と似ているのは '전골' である。（　　　）

[2] 好きな料理について話してみよう。

次の会話を聴き、質問に答えよう。

① 何についての話ですか。　_____

② 韓国に唐辛子が入ってきたのはいつのことですか。

　　① 15世紀　　　　② 16世紀　　　　③ 17世紀　　　　④ 18世紀

③ 内容と一致すれば〇、一致していなければ×を付けなさい。

　　① 日本人は普通キムチが辛くて食べられない。(　　　)

　　② 悠斗さんはキムチが好きだ。(　　　)

　　③ 韓国では昔からキムチが食べられてきた。(　　　)

　　④ キムチは辛くない種類もある。(　　　)

評価

✔ Self Check　　☆☆☆☆☆
✔ Group Check　☆☆☆☆☆

韓国の気候

　韓国は北緯33度から43度にかけてあり、中緯度でも中間に位置している。韓国の気候は四季がはっきりしている温帯性で、季節ごとに独特な特徴を見せる。特に夏は北太平洋高気圧の影響で非常に蒸し暑く、冬はシベリア高気圧の影響で寒くて乾燥する。

　春になると、冬の間猛威を振るっていたシベリア高気圧が後退し、気温が上がり始める。春雨が降ると植物に芽が出始めるが、初春には時折気温が下がり、寒の戻りを見せたりもする。また、4月ごろにはかなり強い風が吹き、中国大陸から黄砂が飛んで来ることもある。

　6月末頃に入ると、北太平洋高気圧の中心部が北上し始めるが、この時梅雨前線も一緒に上がって来て、韓国でも梅雨が始まる。1ヵ月ほど梅雨が続き、梅雨前線が満洲地方に北上した後に消滅すると、本格的に高温多湿な真夏が始まる。猛暑と熱帯夜が非常に頻繁に現れ、ゲリラ豪雨もよく発生する。8月と9月の間には台風がやってくることもある。

　秋になると、しばらく晴天が続く。空気が澄み、天高く馬肥ゆる秋である。9月はまだ蒸し暑さが残っているが、朝晩ひんやりしており、気温の寒暖差が大きくなる。秋の終わりになるにつれシベリア高気圧が発達し、徐々に寒くなってくる。11月には霜もよく降りる。

　冬はシベリア高気圧の影響を強く受け、とても寒く乾燥した天気が続く。中部地方で最低気温が氷点下に下がる日数が、100日以上なったりもするが、3日は寒く4日は暖かいという三寒四温の天候が現たりする。一方、シベリア高気圧が北西風に広大してくると、朝鮮半島の西海岸地域を中心に大雪が降り、東風が吹くと東海岸地域に地形的な影響で大雪が発生することもある。

일본 친구들 취향을 잘 몰라요.

自分の好みについて話してみよう。

유토

보라

 54 **会話**

유토 : 보라 씨는 자전거를 잘 타지요?

　　　일본은 교통비가 비싼 편이라서 자전거가 빠르고 편리해요.

보라 : 맞아요. 저도 일본에 가면 먼저 자전거를 살 생각이었어요.

유토 : 다행이네요. 걱정했어요.

보라 : 그런데 일본 젊은이들이 좋아할 선물에는 뭐가 있을까요?

　　　일본 친구들 취향을 잘 몰라서 고민이에요.

유토 : 한국 마스크팩이 인기가 많아요. 일본보다 한국이 쌀 거예요.

　　　살 때 가격도 한번 비교해 보세요.

日本語訳

悠斗 : ボラさんは自転車上手に乗れますよね。

　　　日本は交通費が高い方なので自転車が早くて便利
　　　です。

ボラ : そうですね。私も日本に行ったらまず自転車を買う
　　　考えでした。

悠斗 : よかったです。心配しました。

ボラ : ところで、日本の若者の好きそうなお土産って何がありますか。

　　　日本人の友達の好みがよく分からなくて悩んでいます。

悠斗 : 韓国のマスクパックが人気です。日本より韓国の方が安いと思います。

　　　買う時、一度価格も比べてみてください。

교통비	交通費	비싸다	(値段が)高い
빠르다	速い	먼저	まず
생각	考え、思い	다행이다	幸いだ
걱정하다	心配する	젊은이	若者
취향	好み、趣向	마스크팩	マスクパック
인기	人気	싸다	安い
한번	一度、一回	가격	価格
비교하다	比べる		

発音

편리해요 [펼리해요]	걱정했어요 [걱쩡해써요]
인기가 [인끼가]	쌀 거예요 [쌀꺼에요]

💡 ディクテーションの練習

🔊 55 ① _____

② _____

③ _____

④ _____

1. 「르」変則用言

解説 語幹が母音르で終わる用言は、その後ろに母音で始まる語尾が付くと、ㅡが脱落すると共に直前の音節に「ㄹ」がパッチムとして追加される。

形態 부르다(歌う、呼ぶ、満腹だ)　　부르＋어요 → 불ㄹ＋어요 → 불러요

　　　　빠르다(速い)　　　　　　　빠르＋아요 → 빨ㄹ＋아요 → 빨라요

例 택시를 **불러서** 집에 갔어요. タクシーを呼んで自宅に帰りました。

　　말이 너무 **빨라서** 못 알아듣겠어요. 早口ですから聞き取れません。

練習1 「르」変則用言の「해요」体(現在)と接続形(으니까), 連体形(現在)を書いてみよう。

用言	意味	해요体	+으니까/니까	連体形
부르다	呼ぶ, 歌う	불러요	부르니까	부르는
오르다	上がる			
흐르다	流れる			
모르다	知らない	몰라요		
기르다	育てる・飼う			
고르다	選ぶ		고르니까	
누르다	押す			
자르다	切る			
다르다	異なる・違う			다른
빠르다	早い			
이르다	早い・申す			

2. 未来連体形 －을/ㄹ 名

解説 用言の活用形の一つで、後ろに来る名詞がこれから起きることに対する推測・予定・意図を表すものであることを表す。

> **形態** 子音語幹の 動・形 ＋을 名
>
> 　　　母音語幹の 動・形 ＋ㄹ 名
>
> 　　　「ㄹ」語幹の 動・形 (ㄹ脱落後)＋ㄹ 名

例 다음주에 **있을** 공연 스케줄이 취소되었습니다.

　　来週に予定されていた公演スケージュールがキャンセルされました。

　　내일 **출발할** 비행기 편명과 시간을 확인했어요?

　　明日出発予定のフライト便名と時間を確認しましたか。

　　저녁에 **만들** 음식의 재료를 사러 갑니다.

　　夕飯に作る料理の材料を買いに行きます。

練習2 未来の連体形を使い、後ろの名詞を修飾してみよう。

> **例** 처음, 부르다, 곡　初めに、歌う、曲
>
> ➜ 처음에 부를 곡　初めに歌う曲

⑴ 나, 짓다, 주택　私、建てる、住宅

➜ _____

⑵ 운동회, 먹다, 도시락　運動会、食べる、お弁当

➜ _____

⑶ 연주회, 쓰다, 의상　演奏会、使う、衣装

➜ _____

⑷ 50년 후, 있다, 기후변동　50年後、ある、気候変動

➜ _____

3. 時点 −을/ㄹ 때

解説 用言の未来連体形が用いられ、ある動作が行われる時点や、ある状態の時を表す。日本語の「〜とき」に当たる。

形態 子音語幹の動・形＋을 때

母音語幹の動・形＋ㄹ 때

「ㄹ」語幹の動・形(ㄹ脱落後)＋ㄹ 때

例 한국식으로 밥을 **먹을 때** 밥그릇을 들고 먹으면 안 돼요.

韓国スタイルでごはんを食べる時にはお茶碗を持って食べたらだめですよ。

스프가 **따뜻할 때** 맛있게 드세요.

スープが温かいうちに美味しく召し上がってください。

아버지는 요리를 **만들 때** 아주 심각한 표정을 지어요.

お父さんは料理を作る時、とても深刻な表情をします。

補足 「−었을/았을/였을 때」の形で用いられる場合は、ある動作が完了した状況という意味を表すこともある。

例 내가 **어렸을 때**에는 초미세먼지가 없었어요.

私が幼いころにはPM2.5がなかったです。

엘리베이터가 **고장났을 때**에는 이 번호로 전화하세요.

エレベーターが故障した時は、この番号に電話してください。

🖉 **練習3** 例のように「-을/ㄹ 때」に変えてみよう。

> 例 물가, 싸다　物価、安
>
> ➡ 물가가 <u>쌀 때</u>　物価が安い時

⑴ 줄, 길다　行列、長い

➡ _____

⑵ 길, 복잡하다　道、混む

➡ _____

⑶ 속도, 빠르다　速度、早い

➡ _____

⑷ 영화, 무섭다　映画、怖い

➡ _____

⑸ 바질과 토마토, 기르다　バジルとトマト、育てる

➡ _____

🖉 **練習4** 友達と話し合ってみよう。

질문	친구 이름	
심심할 때 뭐 해요?		
화가 날 때 어떻게 해요?		
스트레스가 쌓일 때 어떻게 해요?		

4. | 傾向性　－는 편이다, －은/ㄴ 편이다

解説 物事がそのような傾向にあるということを表す。日本語の「～する方である/～い方である/～な方である」に当たる。

> **形態** **動**：＋는 편이다
>
> 　　　　　「ㄹ」語幹(「ㄹ」脱落後)＋는 편이다
>
> 　　　**形**：子音語幹＋은 편이다
>
> 　　　　　母音語幹＋ㄴ 편이다
>
> 　　　　　「ㄹ」語幹(「ㄹ」脱落後)＋ㄴ 편이다

例 저는 아침을 안 **먹는 편이에요.**　私は朝ごはんを食べない方です。

　저는 저녁에 **운동하는 편이에요.**　僕は夜に運動する方です。

　여기 음식은 다 **맛있는 편이에요.**　ここの店の食べ物は全部美味しい方です。

　남자친구는 마음이 **넓은 편이에요.**　彼氏は心が広い方です。

　서울은 물가가 **비싼 편이에요.**　ソウルは物価が高い方です。

　도쿄는 교통이 **편리한 편이에요.**　東京は交通が便利な方です。

注意 「있다, 없다」の付いている形容詞は、動詞と同じ形で活用する。

✎ 練習5　次の用言を「－는 편이다, －은/ㄴ 편이다」の形で変えてみよう。

動＋는 편이에요		**形**＋은/ㄴ 편이에요	
많이 먹다	많이 먹는 편이에요	괜찮다	괜찮은 편이에요
자주 가다		발이 빠르다	
잘 알다 ㄹ変		사교적이다	
많이 자다		맛이 달다 ㄹ変	
재미있다		방이 춥다 ㅂ変	

例	✓	☐
A:어느 쪽 가게에 더 자주 가는 편이에요? B:저는 한국 음식점에 더 자주 가는 편이에요.	한국 음식점	이탈리안 레스토랑

	☐	☐
(1) A:어느 나라 음식을 자주 먹는 편이에요? B: _____	한국 음식	중국 음식
(2) A:무슨 운동을 많이 하는 편이에요? B: _____	걷기	수영
(3) A:어디에서 옷을 더 자주 사요? B: _____	백화점	아울렛
(4) A:반에서 키가 큰 편이에요? B: _____	키가 크다	키가 작다
(5) A:건강은 좋은 편이에요? B: _____	건강하다	건강이 안 좋다
(6) A:부지런한 편이에요? B: _____	부지런 하다	게으르다

次の心理テストの中で自分に当てはまるものがあれば〇を付けて、友達の結果と比べてみよう。

①내가 좋아하는 사람은

　다정한 사람이 많은 편이다.(　　　)

　똑똑한 사람이 많은 편이다.(　　　)

②예쁜 경치를 보면

　사진을 찍어서 SNS에 올리는 편이다. (　　　)

　혼자 즐기는 편이다. (　　　)

③처음 간 카페에서 주문할 때

　익숙한 메뉴를 주문하는 편이다. (　　　)

　스페셜 메뉴를 주문하는 편이다. (　　　)

④해야 할 일이 있을 때

　미리 다 하고 노는 편이다. (　　　)

　끝까지 놀고 마지막에 하는 편이다. (　　　)

⑤친구와 싸웠을 때

　먼저 사과하는 편이다. (　　　)

　싸운 이유를 찾는 편이다. (　　　)

⑥관심이 가는 음악은

　지금 가장 핫한 노래 (　　　)

　내 취향의 명곡(　　　)

심리테스트 心理テスト　다정하다 優しい、情深い　똑똑하다 頭が良い

경치 景色　즐기다 楽しむ　올리다 上げる、アップする

익숙하다 馴染んでいる、慣れている　미리 予め、前もって　마지막(에) 最後(に)

망치다 台無しにする　핫하다 ホットだ、いけている　명곡 名曲

162

🔊 56

次の文を聴いて（　）に適切な語彙を入れてみよう。

① 보라 씨는 (　　) 에 교환학생으로 (　　　) 에 가요. 일본 친구들에게 줄 (　　　) 을 준비하고 있어요. 그런데 취향을 잘 (　　　　) 고민이에요.

② 보라 씨는 (　　　) 환율을 확인하고 있어요. (　　　) 환율이 조금씩 (　　　　) 한국 (　　　) 를 일본 (　　　) 로 바꾸고 있어요.

③ 한국과 일본은 (　　　　) 진행 방향이 (　　　　). 한국은 (　　　　　) 인데 일본은 (　　　　　) 이에요. 처음 일본에 가면 조심하세요.

④ 일본에서는 (　　　　　) 으로 자전거가 편리해요. (　　) 도 안 들고, (　　　) 도 편하고, (　　　　).

⑤ 자동판매기에서 (　　　　) 를 사고 싶으면 (　　　) 돈을 넣으세요. 그리고 (　　　) 싶은 음료를 (　　　　). 해당 (　　　) 을 누르세요.

⑥ 무서운 일이 생기면 (　　　　) 110번을 (　　　　) 경찰에 (　　　　　).

바꾸다 替える　　방향 方向　　우측 右側　　좌측 左側　　통행 通行

교통 交通　　수단 手段　　주차 駐車　　자동판매기 自動販売機

음료수 飲み物　　버튼 ボタン　　무섭다 怖い　　신고하다 通報する

評価 ─────────────────────

✔ Self Check　　☆☆☆☆☆
✔ Group Check　☆☆☆☆☆

이것저것 준비해야 할 게 많이 있어요.
買い物に誘ってみよう。

보라　유토

会話

보라 : 지난번에 집 구하는 거 도와줘서 고마워요.

유토 : 별말씀을요. 한국에 있을 때 보라 씨도 많이 도와줬어요.

보라 : 새 학기가 시작되기 전에 집을 좀 꾸미고 싶은데요.

유토 : 그럼 같이 홈센터에 갈래요?

　　　저도 주말에 동아리 친구들이랑 스키장에 갈 예정이어서 준

　　　비해야 할 게 많이 있어요.

보라 : 그래요? 그럼 같이 가요. 저는 아직 일본에서 홈센터에 간 적

　　　이 없어서 한번 가 보고 싶어요.

日本語訳

ボラ : この前部屋探しするのを手伝ってくれてありがとうございます。

悠斗 : とんでもないです。韓国にいた時、ボラさんにたくさん助けてもらいました。

ボラ : 新学期が始まる前に家を整えたいですが。

悠斗 : じゃ、一緒にホームセンターへ行きませんか。

　　　私も週末に部活の仲間たちとスキー場に行く予定で、用意しなければならな

　　　い物がたくさんあります。

ボラ : そうですか。それじゃ、一緒に行きましょう。まだ私は日本でホームセンターへ

　　　行ったことがなくて、一度行ってみたいです。

지난번(에)	この前、この間	구하다	探す、求める
도와주다	手伝う、助ける	새 학기	新学期
시작되다	始まる	꾸미다	飾る、整える
동아리	部活、サークル	스키장	スキー場
예정	予定	이것저것	あれこれ
준비하다	用意する、準備する	아직	まだ

発音

별말씀을요 [별말쓰므료]	같이 [가치]
할 게 [할께]	없어서 [업써서]

ディクテーションの練習

))58 ① _____

② _____

③ _____

④ _____

1. ┃ 意図　−으려고/려고 하다

解説 意図していた動作を表す。計画を述べる用法としても使える。

> **形態** 子音語幹の動＋으려고 하다
>
> 　　　母音語幹の動＋려고 하다
>
> 　　　「ㄹ」語幹の動(ㄹ脱落後)＋려고 하다

例 이번 주말에는 집에서 책이나 **읽으려고 해요.**

　　今週末は家で本でも読もうと思っています。

　　졸업하고 대학원에 **진학하려고 합니다.**

　　卒業して大学院に進学しようと思っています。

　　오늘 저녁은 한국 요리를 **만들려고 하는데** 같이 드실래요?

　　今日の夕飯は韓国料理を作ろうと思っていますが、一緒に召し上がりませんか。

練習1 「−으려고/려고 하다」を使って会話を完成してみよう。

⑴ A：이번 주말 계획은 뭐예요?

　　B：_____

⑵ A：방학에는 뭐 할 거예요?

　　B：_____

⑶ A：_____ 으려고/려고 하는데 같이 가실래요?

　　B：미안해요. _____

⑷ A：졸업 후에는 뭐 할 생각이에요?

　　B：_____

⑸ A：_____ 으려고/려고 했는데 잘 안 됐어요.

　　B：그렇군요. 아쉽네요.

2. 動作の前後　－기 전에

[解説] 動作の前後関係を表す。日本語の「～する前に」に当たる。

> [形態] [動]＋기 전에
>
> [名]＋전에

[例] 밥을 **먹기 전에** 손을 씻어요.　ご飯を食べる前に手を洗います。

물에 **들어가기 전에** 준비운동을 해요.　水に入る前に準備運動をします。

식사 전에 꼭 손을 씻으세요.　食事の前に必ず手を洗ってください。

졸업 전에 한국에 한번 가 보고 싶어요.

　卒業の前に一度韓国に行ってみたいです。

[練習2]　「－기 전에」を使って(a)と(b)を繋ぎ、1つの文にしてみよう。

(a)	(b)
잠을 자요. ・	・손을 씻으세요.
야채를 볶아요. ・	・프라이팬에 기름을 넣어요.
식사를 해요. ・	・샤워를 해요.
친구랑 놀러 가요. ・	・숙제부터 하세요.
졸업해요. ・	・준비운동부터 합시다.
물에 들어가다. ・	・한국에 가 보고 싶어요.

⑴　잠을 자기 전에 샤워를 해요.

⑵　_____

⑶　_____

⑷　_____

⑸　_____

⑹　_____

3. | 当為・義務　－어야/아야/여야 하다(되다) |

解説 当然しなければならないことやそうすべきことを表すときに使う。話し言葉では「하다」の代わりに「되다」をよく使う。

> **形態** 語幹の最後が陰性母音の場合：＋어야 하다
> 　　　 語幹の最後が陽性母音の場合：＋아야 하다
> 　　　 「하다」の場合：＋여야 하다(➜ 해야 하다)

例 음식을 골고루 **먹어야 합니다.**
　　　 食べ物をまんべんなくたべなければなりません。

해외에 가기 위해서는 여권이 **있어야 해요.**
　　　 海外に行くためにはパスポートがなければいけません。

수업 시간에는 조용히 **해야 돼요.**
　　　 授業中は静かにしなければなりません。

練習3　状況によって当然するべき行動を言ってみよう。

⑴ 도서관에서는 ＿＿조용히 해야 해요.＿＿＿＿＿＿＿＿＿＿＿＿＿＿

⑵ 일본에서 밥을 먹을 때는 ＿＿＿＿＿＿＿＿＿＿＿＿＿＿＿＿＿＿＿

⑶ 친구가 어려울 때는 ＿＿＿＿＿＿＿＿＿＿＿＿＿＿＿＿＿＿＿＿＿＿

⑷ 감기에 걸렸을 때는 ＿＿＿＿＿＿＿＿＿＿＿＿＿＿＿＿＿＿＿＿＿＿

⑸ 모르는 단어가 있으면 ＿＿＿＿＿＿＿＿＿＿＿＿＿＿＿＿＿＿＿＿＿

⑹ 다른 나라에 가면 ＿＿＿＿＿＿＿＿＿＿＿＿＿＿＿＿＿＿＿＿＿＿＿

4. | 経験の有無　－은/ㄴ 적이 있다[없다]

解説 何かをしたことがあるかどうかの経験の有無を表すときに使う。

形態 子音語幹の**動**＋은 적이 있다[없다]
　　　母音語幹の**動**＋ㄴ 적이 있다[없다]
　　　「ㄹ」語幹の**動**(ㄹ脱落後)＋ㄴ 적이 있다[없다]

例 신오쿠보에 가서 한국 음식을 **먹은 적이 있어요**.
　　新大久保に行って韓国料理を食べたことがあります。

　　외국 친구한테 일본어를 **가르친 적이 있어요**.
　　外国人の友達に日本語を教えたことがあります。

　　외국에서 **산 적이 없습니다**.　外国で暮らしたことがありません。

✎ 練習4　次の動詞の形を変えてみよう。

動詞	意味	＋은/ㄴ 적이 있어요
읽다	読む	읽은 적이 있어요
가다		
여행하다		
사귀다		
살다 [ㄹ変]		
돕다 [ㅂ変]		
듣다 [ㄷ変]		

経験の有無をチェックした後、友達と会話をしてみよう。

経験	あり	なし
1. 한국 소설을 읽은 적이 있습니까?		✔
2. 해외에서 산 적이 있습니까?	✔	
3. 아이돌 콘서트에 간 적이 있습니까?		
4. 인도 영화를 본 적이 있습니까?		
5. 낚시를 해 본 적이 있습니까?		

⑴ A:한국 소설을 읽은 적이 있습니까?

　　B:아니요, 읽은 적이 없어요.

　　A:그러세요? 그럼 『82년생 김지영』을 읽어 보세요.

　　B:네, 알겠습니다. 한번 읽어 볼게요.

⑵ A:해외에서 산 적이 있습니까?

　　B:네, 산 적이 있어요.

　　A:　어디　에서 살았어요?

　　B:초등학생 때 싱가포르에서 살았어요.

⑶ A:

　　B:

　　A:

　　B:

⑷ A:

　　B:

　　A:

　　B:

⑸ A:

　　B:

　　A:

　　B:

次の文を読み、質問に答えよう。

> 　저는 한국에서 명절을 보낸 적이 있습니다. 한국에서 가장 큰 명절은 설과 추석입니다. 지금은 둘 다 음력으로 쉽니다. 설은 음력 1월 1일이고 추석은 음력 8월 15일입니다. 한국에서는 평소 생활에서는 양력을 사용하지만 전통 행사에는 음력을 사용하는 경우도 많습니다. 그래서 설과 추석은 해마다 날짜가 달라집니다.
>
> 　설과 추석은 3일 연휴입니다. 그래서 사람들은 고향에 돌아가기도 합니다. 오랜만에 부모님도 뵙고 고향 친구들도 만납니다. 설에는 떡국을 먹고 어른들에게 세배를 합니다. 어른들은 아이들에게 좋은 이야기를 해 주시고 세뱃돈을 줍니다. 추석은 가을에 있기 때문에 맛있는 음식이 많습니다. 특히 송편을 빚어 먹습니다.

설 お正月　추석 中秋節　명절 節句、祝祭日　음력 旧暦　양력 新暦
쇠다 (祭日を迎えて)祝う　평소 普段　사용하다 使用する　전통 伝統
행사 行事　경우 場合　해마다 毎年　달라지다 変わる　연휴 連休
고향 故郷　돌아가다 帰る　오랜만에 久々に　빚다 (餅を)作る

---

① 元日を祝う韓国の祝祭日は何ですか。（　　）

　① 설　　　　　② 추석　　　　　③ 명절　　　　　④ 연휴

② 内容と一致すれば○、一致していなければ×を付けなさい。

　① 韓国では日常で旧暦のカレンダーを使っている。（　　）

　② 韓国でも子どもはお正月にお年玉をもらう。（　　）

　③ 中秋節には帰省する人が多い。（　　）

③ 日本の祝日について紹介してみよう。

🔊 59

次の会話を聴き、質問に答えよう。

① 今韓国にいる人は誰ですか。（　　）

    ① 유토　　　　　② 유토의 한국 친구　　　　③ 리나

② リナが韓国にいた期間はどれくらいですか。（　　）

    ① 約1ヵ月　　　② 約3ヵ月　　　③ 約6ヵ月　　　④ 約1年

③ 会話の内容と一致すれば〇、異なればXを付けなさい。

    ① リナは来週日本に戻る予定である。（　　）

    ② リナは韓国人の友達がたくさんできた。（　　）

    ③ 悠斗は韓国に住んだことがない。（　　）

    ④ 悠斗の韓国人の友達はまだ日本語が上手ではない。（　　）

評価

✔ Self Check　　☆☆☆☆☆
✔ Group Check　☆☆☆☆☆

韓国の住文化

　最近は韓国のどこにいっても高層マンションをよく見かける。それほど現代の韓国社会で代表的な住居様式といえば、マンション生活が挙げられる。昔から韓国人が生活していた「韓屋」(韓国の伝統家屋)は、現在はいくつかの指定された場所の「韓屋村」を除けば、もう都心ではなかなか見当たらない。狭い国土に多くの人が住まなければならないため、マンションや集合住宅、多世帯住宅などが多くなったからだ。

　1970年代から始まったマンションブームは、今も続いており、都市の所々に高層マンション団地がたくさん建設されている。マンションは生活するのに便利でもあり、狭い土地で大勢の人が住めるという場所もある。産業化と都市化によって都市の人口がますます増え続け、現在もマンションの人気は冷めることがない。

　マンションが建てられない土地には、内部構造がマンションと似ている集合住宅が建てられる。集合住宅ですら建てられない狭い土地には、多世帯住宅が建られる。韓国の都市では、一軒家で暮らす人が次第に減少している。

　韓国の住文化の中で、最も独特なものの一つに「オンドル」、つまり日本で言う床暖房システムがある。伝統的な「オンドル」は、台所で火を焚き、その熱気が部屋の下を通るようにし、部屋を暖かくする方法である。しかし、マンションが建てられるにつれ、今はこのような伝統的方式の「オンドル」はほとんどなくなり、石油ボイラーやガスボイラーからの温水で部屋の床を温めるという方式に代わっている。

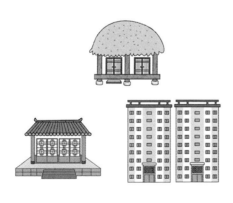

60

보라

유토

보라 : 유토 씨, 이게 웬일이에요? 깁스까지 하고.

유토 : 아르바이트가 끝난 후에 친구들하고 야간 스키를 타러 갔는데 거기서 넘어져서 다리를 다쳤어요.

보라 : 어머… 얼굴에도 멍이 들어서 파래요.

유토 : 네, 얼굴도 스키에 부딪쳤어요.

보라 : 걸을 수 있을 정도로 좋아지는 것은 언제쯤이에요?

유토 : "완전히 회복하기까지는 얼마나 걸려요?"라고 물어봤는데 의사 선생님께서 "5개월 정도 걸려요."라고 하셨어요.

日本語訳

ボラ : 悠斗さん、どうしたんですか。ギプスまでして。

悠斗 : アルバイトが終わった後、友達と夜間スキーに行ったんですが、そこで転んで脚を怪我しました。

ボラ : あらまあ。顔にもあざができて青くなっていますよ。

悠斗 : はい、顔もスキーにぶつかりました。

ボラ : 歩けるくらいに良くなるのはいつ頃ですか。

悠斗 : 「完全に回復するまではどれくらいかかりますか」と聞いたら、お医者さんが「5ヵ月程度かかります」と答えました。

웬일이다	どういうことだ	파랗다	青い
깁스	ギプス	부딪치다	ぶつかる
끝나다	終わる	완전히	完全に
야간	夜間	정도	程度、くらい
넘어지다	倒れる、転ぶ	회복	回復
다치다	ケガする	얼마나	どれくらい
멍이 들다	あざができる	물어보다	尋ねる

発音

웬일이에요[웬니리에요]	물어봤는데[무러봔는데]
끝난 [끈난]	없어요 [업써요]

ディクテーションの練習

61 ①

②

③

④

1. 直接話法(引用)

解説 直接話法は、他の人の発話や文をそのまま引用することである。引用したい内容に引用符の" "をつけた後、助詞「이라고/라고」を付ける。日本語の「～と(言いました、～と聞きました)」に当たる。

形態 "発話や文の内容そのまま" ＋이라고/라고

平叙文

유토 : 아파요.

　　 → 유토 씨가 "아파요" 라고 했어요.

命令文

리나 : 참으세요.

　　 → 리나 씨가 "참으세요" 라고 말했어요.

疑問文

유토 : 치료는 언제까지 받아야 합니까?

　　 → 유토 씨가 "치료는 언제까지 받아야 합니까?" 라고 물었어요.

勧誘文

의사 : 경과를 봅시다.

　　 → 의사가 "경과를 봅시다." 라고 말했어요.

例 안전요원 : 괜찮으세요?

유토 : 너무 아파요. 움직일 수가 없어요.

안전요원 : 일어서 보세요.

유토 : 아… 다리에 힘이 없어서 일어설 수 없어요.

안전요원 : 구급차를 부를게요. 여기에 계세요.

유토 : 네, 알겠습니다.

⑴ 안전요원이 " 　　　　　　　　　 " 　　　　　　.

⑵ 유토 씨가 " 　　　　　　　　　 " 　　　　　　.

⑶ 안전요원이 " 　　　　　　　　　 " 　　　　　　.

⑷ 유토 씨가 " 　　　　　　　　　 " 　　　　　　.

⑸ 안전요원이 " 　　　　　　　　　 " 　　　　　　.

⑹ 유토 씨가 " 　　　　　　　　　 " 　　　　　　.

2. 「ㅎ」変則用言

解説 語幹が「ㅎ」パッチムで終わる形容詞の一部には母音で始まる語尾が付くと、「ㅎ」が脱落されるものがある。

形態

하얗다 : 하얗+어요→하**얘**요　　하얗+으니까→하**야**니까　　하얗+은→하**얀**

이렇다 : 이렇+어요→이**래**요　　이렇+으니까→이**러**니까　　이렇+은→이**런**

例 어머 얼굴색이 **하얘요**. 좀 쉬세요.

あら！顔色が真っ白ですね。少し休んでください。

빨간 장미를 좋아하세요? 아니면 **하얀** 장미을 좋아하세요?

赤いバラが好きですか。それとも、白いバラが好きですか。

補足 「좋다(良い)」は変則用言ではないことに要注意！

좋다 : 좋+아요→좋아요　　좋+으니까→좋으니까　　좋+은→좋은

3. 先行動作の完了　−은/ㄴ 후에

解説 動詞に用いられ「前の事柄が終わった後に」という意味を表す。日本語の「〜した後に」「〜てから」に当たる。

形態 子音語幹の動＋은 후에

母音語幹の動＋ㄴ 후에

「ㄹ」語幹の動(「ㄹ」の脱落後)＋ㄴ 후에

例 손을 **씻은 후에** 밥을 먹어요.　手を洗ってからご飯を食べます。

퇴원한 후에 집에서 쉬었어요.　退院した後自宅で休みました。

창문을 **연 후에** 청소를 시작했어요.　窓を開けた後、掃除を始めました。

補足 話し言葉としては「−은/ㄴ 다음에」が使われる場合もある。

練習2 「ㅎ」変則用言の形を変えてみよう。

用言	해요体(現在)	+지만	+으니까/니까	連体形(現在)
그렇다	그래요	그렇지만	그러니까	그런
이렇다				
저렇다				
어떻다				
빨갛다				
노랗다				
파랗다				
하얗다				
까맣다				

練習3 何色が好きですか。友達に聞いて調査してみよう。

하얀색	빨간색	주황색	노란색	초록색	파란색	남색	보라색	검은색
흰색	분홍색	갈색	녹색	연두색	하늘색	자주색	회색	까만색

질문

① 무슨 색을 좋아해요?

  ➡ 저는 보라색을 좋아해요.

② 가지고 있는 물건에는 무슨 색 물건이 많아요?

  ➡ 파란색이 많아요.

	김 선생님			
좋아하는 색	보라색			
무슨 색 물건이 많아요?	파란색			

✎ 練習4 例のように文を完成してみよう。

例	_____ 운동을 한 후에 _____ 샤워를 해요.

(1) _____ 커피를 마십시다.

(2) _____ 숙제를 할 거예요.

(3) _____ 친구를 만났어요.

(4) _____ 집에 돌아갔어요.

(5) _____ 물에 들어가야 합니다.

(6) _____ 친구들한테 나눠 줬어요.

4. 状態の変化　－어지다/아지다/여지다

[解説] 状態の変化を表す。日本語の「〜くなる、〜になる」に当たる。

[形態] 陰性語幹の形＋어지다
　　　　陽性語幹の形＋아지다
　　　　「하다」語幹の形＋여지다 ➡ 해지다

[例] 소금을 넣으니까 더 **맛있어졌어요**.

　　塩を入れたらもっと美味しくなりました。

　　열심히 치료를 받아서 증상이 많이 **좋아졌어요**.

　　一生懸命治療を受けて症状がだいぶ良くなりました。

　　이 집은 쇼유라멘으로 **유명해졌어요**.

　　この店は醤油ラーメンで有名になりました。

🔍参考

状況変化の結果：－게 되다(第9課)

180

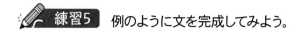 **練習5** 例のように文を完成してみよう。

> **例** 오랜만에 청소를 해서 ___방이 아주 깨끗해졌어요.___

(1) 운동을 열심히 해서 _____.

(2) 술을 많이 마셔서 _____.

(3) 여름에는 비가 오면 _____.

(4) 그 친구하고는 같이 여행을 다녀온 후에 _____.

(5) 조미료를 조금 넣으니까 _____.

(6) 저는 좋아하는 음악을 들으면 _____.

練習6 この10年間の自分の変化について友達と話してみよう。

> **例** A : 10년 동안 뭐가 변했어요?
>
> B : 저는 눈이 많이 나빠졌어요. 10년 전에는 아직 안경을 쓰지 않았어요.
>
> A : 저는 예전에는 말이 많았는데 말수가 적어졌어요.
>
> _____
>
> _____
>
> _____
>
> _____

次の文を読み、質問に答えよう。

물리치료실에서

① 유토 : 도대체 물리치료는 언제까지 받아야 해요?

　　물리치료사 : 빨리 회복되려면 열심히 해야 해요.

② 유토 : 다리를 다쳐서 아르바이트도 못 하고….

　　물리치료사 : 그런 생각하지 마세요.

③ 물리치료사 : 다 나은 후에 뭘 제일 하고 싶어요?

　　유토 : 다시 스키 타러 가고 싶어요.

　　물리치료사 : 스키를 정말 좋아하시는군요!

---

1 空欄を埋めてください。

① 유토 씨가 "＿＿＿＿＿＿＿＿＿＿"라고 말하니까,

　　물리치료사가 "＿＿＿＿＿＿＿＿＿＿"라고 대답했어요.

② 유토 씨가 "＿＿＿＿＿＿＿＿＿＿"라고 말하니까,

　　물리치료사가 "＿＿＿＿＿＿＿＿＿＿"라고 말했어요.

③ 물리치료사가 "＿＿＿＿＿＿＿＿＿＿"라고 물으니까,

　　유토 씨가 "＿＿＿＿＿＿＿＿＿＿"라고 대답했어요.

　　그러니까 물리치료사가 "＿＿＿＿＿＿＿＿＿＿"라고 말했어요.

2 本文の内容と一致すれば○、異なれば×を付けなさい。

① 물리치료를 열심히 받으면 빨리 회복할 수 있어요. (　　)

② 유토 씨는 다쳐서 아르바이트를 쉬고 있어요. (　　)

③ 유토 씨는 다 나은 후에 아르바이트를 가장 하고 싶어요. (　　)

④ 유토 씨는 이제 스키 타는 것을 좋아하지 않아요. (　　)

活動： 말하기

怪我をした経験をグループで話してみよう。

원인(原因)	결과(結果)	치료(治療)
·넘어지다	·부러지다	·깁스를 하다
·굴러 떨어지다	·삐다	·상처를 꿰매다
·부딪치다	·붓다	·수술을 하다
·맞다	·피가 나다	·상처를 치료하다
·	·멍이 들다	·붕대를 매다
·	·	·반창고를 붙이다
·	·	·
·	·	·
·	·	·
·	·	·

評価

✔ Self Check ☆☆☆☆☆
✔ Group Check ☆☆☆☆☆

	-고	-는	-으니까/니까	-습니다/-ㅂ니다
찾다	찾고	찾는	찾으니까	찾습니다
작다	작고		작으니까	작습니다
먹다	먹고	먹는	먹으니까	먹습니다
적다	적고		적으니까	적습니다
가다	가고	가는	가니까	갑니다
싸다	싸고		싸니까	쌉니다
오다	오고	오는	오니까	옵니다
하다	하고	하는	하니까	합니다
만들다	만들고	만드는	만드니까	만듭니다
멀다	멀고		머니까	멉니다
굽다	굽고	굽는	구우니까	굽습니다
돕다	돕고	돕는	도우니까	돕습니다
춥다	춥고		추우니까	춥습니다
곱다	곱고		고우니까	곱습니다
좁다	좁고		좁으니까	좁습니다
듣다	듣고	듣는	들으니까	듣습니다
믿다	믿고	믿는	믿으니까	믿습니다
낫다	낫고	낫는	나으니까	낫습니다
짓다	짓고	짓는	지으니까	짓습니다
솟다	솟고	솟는	솟으니까	솟습니다
웃다	웃고	웃는	웃으니까	웃습니다
크다	크고		크니까	큽니다
바쁘다	바쁘고		바쁘니까	바쁩니다
모르다	모르고	모르는	모르니까	모릅니다
기르다	기르고	기르는	기르니까	기릅니다
빨갛다	빨갛고		빨가니까	빨갑니다
넣다	넣고	넣는	넣으니까	넣습니다

-은/ㄴ	-을/ㄹ	-어요/ 아요/여요	-었습니다/았습니다/ 였습니다	-었어요/았어요/ 였어요
찾은	찾을	찾아요	찾았습니다	찾았어요
작은	작을	작아요	작았습니다	작았어요
먹은	먹을	먹어요	먹었습니다	먹었어요
적은	적을	적어요	적었습니다	적었어요
간	갈	가요	갔습니다	갔어요
싼	쌀	싸요	쌌습니다	쌌어요
온	올	와요	왔습니다	왔어요
한	할	해요	했습니다	했어요
만든	만들	만들어요	만들었습니다	만들었어요
먼	멀	멀어요	멀었습니다	멀었어요
구운	구울	구워요	구웠습니다	구웠어요
도운	도울	도와요	도왔습니다	도왔어요
추운	추울	추워요	추웠습니다	추웠어요
고운	고울	고와요	고왔습니다	고왔어요
좁은	좁을	좁아요	좁았습니다	좁았어요
들은	들을	들어요	들었습니다	들었어요
믿은	믿을	믿어요	믿었습니다	믿었어요
나은	나을	나아요	나았습니다	나았어요
지은	지을	지어요	지었습니다	지었어요
솟은	솟을	솟아요	솟았습니다	솟았어요
웃은	웃을	웃어요	웃었습니다	웃었어요
큰	클	커요	컸습니다	컸습니다
바쁜	바쁠	바빠요	바빴습니다	바빴어요
모른	모를	몰라요	몰랐습니다	몰랐어요
기른	기를	길러요	길렀습니다	길렀어요
빨간	빨갈	빨개요	빨갰습니다	빨갰어요
넣은	넣을	넣어요	넣었습니다	넣었어요

	은/는	이/가
話題	文によって陳述される中心的対象 ・오늘은 날씨가 흐립니다. ・저는 대학교에서 영어를 전공합니다.	
情報	話者が既に知っている情報 ・오늘 수업 시간에 새로운 친구를 알게 되었다. 그 친구는 나와 같은 과에다 유학생이라는 처지도 같았다.	新しい情報 ・A:누가 이 글을 썼습니까? ・B:다나카 씨가 썼습니다.
対照	異なるか反対となる内容 ・저는 외국 생활이 처음이지만 그 친구는 외국 생활의 경험이 많아요.	
2個の主語	外側の文の主語 ・그 친구는 [머리가 좋은] 것 같아요. ・나는 [한국어 쓰기가 제일 어려워요].	内側の文の主語 ・[외국인이 한국 문학을 전공하는 것]은 쉽지 않은 일입니다.
補語		이/가 되다[아니다] ・그는 중학교에서 영어를 가르치는 선생님이 되었어요. ・그는 경영학과가 아니라 경제학과 학생이에요.

聴解のスクリプト

제1과

💡 **ディクテーションの練習**

🔊 16
① 안녕하십니까?
② 저는 다나카입니다.
③ 만나서 반갑습니다.
④ 한국은 처음입니다.

活動：듣기×말하기

🔊 17
소이 : 에밀리 씨 오랜만입니다.
　　　이 분은 리나 씨입니다.
에밀리 : 안녕하세요? 저는 에밀리입
　　　니다. 반갑습니다.
리나 : 저도 반갑습니다.
　　　사토 리나입니다.
에밀리 : 리나 씨는 일본 분입니까?
리나 : 네, 저는 일본 사람입니다.
　　　에밀리 씨는 미국 분입니까?
에밀리 : 아니요, 저는 캐나다 사람
　　　입니다.

제2과

💡 **ディクテーションの練習**

🔊 19
① 그것은 무엇입니까?
② 저것은 비빔밥입니까?
③ 한국 사람이 아닙니다.
④ 한글이라고 합니다.

活動：듣기

🔊 20
① A : 이것은 무엇입니까?
　　B : 그것은 대추차입니다.
② A : 저것은 닭갈비입니까?
　　B : 아니요. 닭갈비가 아닙니다.
　　　저것은 떡볶이입니다.
③ A : 리사 씨입니까?
　　B : 아니요. 제 이름은 리사가 아
　　　닙니다. 리나입니다.
④ A : 마리나 씨는 미국 사람입니까?
　　B : 아니요. 저는 미국 사람이 아
　　　닙니다. 일본 사람입니다.

제3과

💡 **ディクテーションの練習**

🔊 22
① 집은 어디에 있습니까?
② 학교 앞에 있습니다.
③ 무슨 요리가 유명합니까?
④ 일본 음식이 아주 맛있습니다.

活動：듣기×말하기

🔊 23
　　우리 학교 옆에 한국 음식점
이 있습니다. 저는 그 음식점에
자주 갑니다. 거기는 비빔밥과
김밥이 유명합니다. 아주 맛있
습니다. 김치는 조금 맵습니다.
저는 점심 시간에 자주 갑니다.

점심 시간에는 사람이 조금 있습니다. 저녁에는 사람이 아주 많습니다.

🔊 29

① 남동생은 대학생이 아닙니다.

② 주말에 친구랑 가끔 운동을 해요.

③ 사과 1(한)개에 500(오백)원이에요.

④ 저는 아르바이트를 안 해요.

제4과

💡 ディクテーションの練習

🔊 25 ① 한국에 가고 싶어요.

② 학교 서점에서 사세요.

③ 부채를 2(두)개 사고 싶습니다.

④ 친구에게 선물을 주세요.

제6과

💡 ディクテーションの練習

🔊 31 ① 오늘은 너무 피곤했어요.

② 학원에서 일본어를 가르쳐요.

③ 운동을 계속 할 거예요?

④ 오늘은 푹 쉬세요.

🔊 26

① 저는 16(열여섯)살입니다.

② 저는 고양이 4(네)마리를 키워요.

③ 여기 지우개 8(여덟)개가 있어요.

④ 여자 친구에게 장미 99(아흔아홉)송이를 주고 싶어요.

🔊 32

① 내일은 비가 안 올 거예요.

② 우리집 고양이는 가벼워요.

③ 로제 떡볶이는 안 매웠어요.

제5과

💡 ディクテーションの練習

🔊 28 ① 집에서 학교까지 멉니까?

② 학교에 같이 갈까요?

③ 별로 비싸지 않아요.

④ 5(다섯)시부터 8(여덟)시까지 아르바이트를 해요.

제7과

💡 ディクテーションの練習

🔊 34 ① 오늘 면세점에 같이 갈래요?

② 지금은 날씨가 좋지만 오후에는 비가 올 거예요.

③ 가방을 안 가져왔어요.

④ 아침 겸 점심을 먹어요.

活動：듣기

35

　　오늘은 전국적으로 구름이 많고 바람이 강하게 불겠습니다. 서울의 낮 최고 기온은 26도, 부산과 광주는 25도입니다. 어제처럼은 덥지 않고 조금 선선하겠습니다. 한편, 제주와 남해안을 중심으로 소나기가 오는 곳도 있겠습니다. 내일 서울은 맑은 날씨가 돌아오면서 낮 최고 기온도 30도 가까이 오르겠습니다. 하지만 남부 지방은 계속 비가 오겠습니다. 주말에는 전국에서 맑은 하늘을 볼 수 있겠습니다. 날씨였습니다.

제8과

💡 ディクテーションの練習

37
① 한국에서 운전 면허도 따고 대단하시네요.
② 다른 사람한테서 들었어요.
③ 처음에는 긴장도 많이 했는데 지금은 괜찮아요.
④ 주말에 같이 캠프를 갑시다.

活動：듣기

38

① A : 왜 밥을 조금 드세요?
　 B : 아까 빵을 먹어서 지금 배가 안 고파요.
② A : 편의점에서 택배를 보내는 사람이 누구세요?
　 B : 우리 아빠예요.

③ A : 내일 유치원 운동회가 있는데 무엇을 준비할까요?
　 B : 도시락과 간식과 물을 준비합시다.
　 A : 그럼 지금 같이 슈퍼에 갈까요?
　 B : 네, 맛있는 과자하고 음료수를 삽시다.

제9과

💡 ディクテーションの練習

40
① 덕분에 잘 지냈어요.
② 교환학생으로 한국에 가게 됐어요.
③ 영어를 잘 못해서 걱정이에요.
④ 한국 친구도 소개해 줄게요.

活動：듣기

41

소이 : 리나 씨, 내일 몇 시에 만날까요?
리나 : 오후 1시쯤 만나는 게 어때요? 점심도 같이 먹고요.
소이 : 그게 좋겠네요. 그럼 역에서 만날까요?
리나 : 역에는 사람이 많지 않나요? 다른 곳이 좋겠어요.
소이 : 그럼 가게에서 직접 만날까요?
리나 : 네, 그렇게 해요. 그럼 제가 제 이름으로 예약을 할게요.
소이 : 네, 고마워요. 리나 씨가 예약해 주세요.
리나 : 그럼 내일 만나요.

ディクテーションの練習

)) 43
① 여자 친구랑 헤어지고 싶어요.
② 연락을 해도 답이 없어요.
③ 시차가 있으니까 연락이 어려울 거예요.
④ 마음만 있으면 연락할 수 있어요.

**活動 :
듣기×
말하기**

)) 44

레스토랑 직원:

　　오늘의 추천 런치 메뉴는 해피커플 세트입니다. 5800엔에 샐러드, 메인 요리, 파스타, 사이드 메뉴, 음료를 즐길 수 있습니다. 야채 샐러드나 시저 샐러드 중에 하나 고를 수 있습니다. 시저 샐러드를 선택하시면 플러스 100엔을 추가하시면 됩니다. 오늘의 메인 메뉴는 돼지고기 바비큐입니다. 파스타는 올리브 파스타와 토마토 파스타 중 하나씩 선택하시면 됩니다. 사이드 메뉴로는 구운 감자, 감자 튀김, 볶은 야채 중에서 하나 선택하세요. 음료수는 공짜입니다. 맥주를 선택하시면 200엔을 추가하시면 됩니다.

손님: 해피커플 세트 주세요. 샐러드는 시저 샐러드를 주시고요. 파스타는 올리브 파스타, 토마토 파스타 하나씩 주세요. 사이드 메뉴는 볶은 야채로 주세요. 음료는 콜라와 맥주 주세요.

ディクテーションの練習

)) 46
① 준비는 잘 하고 있어요?
② 요즘 영어를 배우러 학원에 다녀요.
③ 아직 여권은 못 만들었어요.
④ 가르쳐 줘서 고맙습니다.

**活動 :
듣기**

)) 47

남자: 지난 주말에 후쿠오카에 다녀왔어요? 무슨 일이 있었어요?

여자: 별일은 아니고요. 제가 좋아하는 아이돌의 콘서트가 있어서요.

남자: 도쿄에서 하는 콘서트는 없었나요?

여자: 도쿄에서도 하는데 표를 못 구했어요. 도쿄는 경쟁률이 너무 세서요.

남자: 경쟁률요?

여자: 네. 콘서트 티켓을 사고 싶어 하는 사람들이 많으니까 온라인 추첨을 해요. 저는 도쿄 콘서트는 떨어지고 후쿠오카만 당첨됐어요.

남자: 아, 그렇군요. 콘서트는 재미있었나요?

여자: 네, 정말 끝내줬어요. 다음 콘서트가 내년에 있는데 또 가고 싶어요.

第12과

💡 ディクテーションの練習

🔊 49
① 새로 이사할 집을 찾고 있어요.
② 역에서 가까운 곳이 좋아요.
③ 마음에 드는 거 있어요?
④ 직접 확인해 줄 수 있으세요?

活動：듣기×쓰기

🔊 50
① 보라 씨는 새로 지은 원룸을 계약할 거예요.
② 보라 씨는 어젯밤에 너무 많이 울어서 눈이 부었어요.
③ 이곳은 50년 전에 지은 공항인데 내년에 확장 공사를 할 거예요.
④ 이 그릇에 물을 좀 부어 주세요.
⑤ 다 나으면 꼭 연락하세요.
⑥ 저 안경이 훨씬 나아요.

제13과

💡 ディクテーションの練習

🔊 52
① 제가 만든 음식인데 드셔 보세요.
② 정말 대단하시네요.
③ 요리책 보면서 만들었어요.
④ 소금을 너무 많이 넣지 마세요.

活動：듣기×말하기

🔊 53
가 : 한국 음식 하면 뭐가 생각나지요?
나 : 김치요!
가 : 네, 맞아요. 김치는 한국을 대표하는 음식입니다. 유토 씨는 김치를 좋아하나요?
나 : 네. 조금 맵지만 저는 김치를 아주 좋아해요. 요즘은 일본 사람들도 김치를 많이 먹어요.
가 : 그렇군요. 김치는 소금에 절인 배추나 무에 여러 가지 양념을 넣어서 만든 음식입니다.
나 : 네, 양념에 들어가는 고춧가루 때문에 빨갛고 맵다는 이미지가 있어요.
가 : 그렇지요. 하지만 빨갛지도 맵지도 않은 김치도 많이 있어요.
나 : 진짜요?
가 : 네, 한국 사람들이 김치를 먹기 시작한 것은 아주 오래 전부터이고요, 고추가 한국에 들어온 것은 17세기 정도입니다. 그러니까 그 전에는 빨갛고 매운 맛의 김치는 없었겠지요.

ディクテーションの練習

)) 55　① 일본은 교통비가 비싼 편이에요.

② 한국 사람들이 좋아할 선물에는 뭐가 있을까요?

③ 취향을 몰라서 고민이에요.

④ 가격을 한번 비교해 보세요.

活動：
듣기×
쓰기

)) 56

① 보라 씨는 봄에 교환학생으로 일본에 가요. 일본 친구들에게 줄 선물을 준비하고 있어요. 그런데 취향을 잘 몰라서 고민이에요.

② 보라 씨는 매일 환율을 확인하고 있어요. 요즘 환율이 조금씩 올라서 한국 원화를 일본 엔화로 바꾸고 있어요.

③ 한국과 일본은 자동차 진행 방향이 달라요. 한국은 우측통행인데 일본은 좌측통행이에요. 처음 일본에 가면 조심하세요.

④ 일본에서는 교통수단으로 자전거가 편리해요. 돈도 안 들고, 주차도 편하고, 빨라요.

⑤ 자동 판매기에서 음료수를 사고 싶으면 먼저 돈을 넣으세요. 그리고 마시고 싶은 음료를 골라요. 해당 버튼을 누릅니다.

⑥ 무서운 일이 생기면 전화번호 110번을 눌러서 경찰에 신고하세요.

ディクテーションの練習

)) 58　① 지난번에 도와줘서 고마워요.

② 수업 전에 도착하고 싶어요.

③ 준비해야 할 게 많이 있어요.

④ 한국에 가 본 적이 없어요.

活動：
듣기

)) 59

유토 : 리나 씨, 언제 일본에 돌아와요?

리나 : 다음 달 초에 돌아갈 거예요.

유토 : 그렇군요. 벌써 1년이 다 돼 가는군요.

리나 : 네, 시간 참 빠르지요?

유토 : 맞아요. 리나 씨 환송회가 바로 엊그제 같은데요.

리나 : 네, 저도 그렇게 생각해요.

유토 : 한국 생활은 어땠어요? 힘들지는 않았어요?

리나 : 네, 처음에는 혼자서 외국 생활하는 게 좀 힘들었지만 한국 친구도 많이 사귀고, 그 친구들한테서 도움도 많이 받아서 괜찮았어요. 다음 달에 돌아가야 하니까 많이 아쉬워요.

유토 : 저도 예전에 한국에서 돌아올 때 그랬어요. 아, 참! 한국에서 제 친구가 이번에 일본에 교환학생으로 왔어요. 제가 소개해 줄까요? 리나 씨 만나 볼래요?

리나 : 네, 좋아요. 일본에서 소개해
주세요. 그렇지 않아도 일본에
서 한국어 공부는 어떻게 해야
하나 걱정했는데요. 그 친구하
고 언어 교환하면 좋겠네요.

유토 : 네, 아직 그 친구는 일본어를
잘하지 못하니까 리나 씨가 많
이 가르쳐 주세요.

리나 : 네, 알겠어요. 기대가 많이 되
네요.

제16과

ディクテーションの練習

61 ① 이게 웬일이에요?

② 졸업 후에 같이 놀러 갑시다.

③ 넘어져서 다리를 다쳤어요.

④ "5(오)개월 정도 걸려요." 라고 했어요.

語彙リスト(韓→日)

ㄱ	
가게	店
가격	価格
가깝다	近い
가끔	時々
가다	行く
가르치다	教える
가볍다	軽い
가수	歌手
가옥	家屋
가위	ハサミ
가져오다	持って来る
가족사진	家族写真
간호사	看護師
갈비찜	(料理名)カルビチム
같다	同じだ
같이	一緒に
개	個
개다	畳む
개월	箇月
걱정하다	心配する
건네주다	渡す
건더기	スープの具
건물	建物
건조하다	乾燥している
걷다	歩く
걸리다	かかる
게시글	掲示文
게임	ゲーム
결과	結果
겸	兼
경우	場合
경찰관	警察官
경치	景色
계단	階段
계산하다	計算する、支払う
계속	継続、続けて
계속하다	続ける
계약하다	契約
고기	肉
고르다	選ぶ
고향	故郷
곡	曲
공부하다	勉強する
공책	ノート
공항	空港

과	と(対等接続共同)
과자	お菓子
관련	関連、関係
괜찮다	大丈夫だ
괴롭다	苦しい
교과서	教科書
교실	教室
교통비	交通費
교통수단	交通手段
교통카드	交通カード
교환학생	交換留学生
구분	区分、区別
구입	購入
구하다	探す、求める
국물	スープ、煮汁
국밥	クックパ
군인	軍人
굽다	焼く
귀엽다	可愛い
그네	ブランコ
그래도	それでも
그런데	ところが
그럼	では、じゃ
그렇게	そんなに
그릇	器
그만두다	辞める
근데	ところで、実は
근처	近所、近く
긋다	線を引く
기념품	記念品、お土産
기다리다	待つ
기대가 되다	楽しみだ
기르다	育てる
기쁘다	嬉しい
기억하다	覚える
기온	気温
기후변동	気候変動
긴장	緊張
길	道
길다	長い
깁스	ギプス
까지	まで
꾸미다	飾る
꿰매다	縫う
끄다	消す
끊다	切る
끝나다	終わる

ㄴ	
나가다	出る
나무	木
나쁘다	悪い
나오다	出る、出て来る
나중에	後で
날다	飛ぶ
날씨	天気
남기다	残す
남자 친구	彼氏
낫다01	治る
낫다02	ましだ
내년	来年
내리다	降りる、降る
내일	明日
너무	あまりにも
넘어지다	倒れる、転ぶ
넘치다	溢れる
넣다	入れる
네	はい
노래	歌
노래하다	歌う
놀다	遊ぶ
높다	高い
누구	誰
누나	(弟から見た)姉
누르다	押す
눕다	横たわる
느리다	遅い
는	は(話題対照)
늦다	遅い、遅れる
늦잠을 자다	寝坊する
ㄷ	
다니다	通う
다르다	違う、異なる
다른	他の
다음(에)	次(に)、今度
다이어트	ダイエット
다정하다	優しい、情が深い
다치다	ケガする
다큐멘터리	ドキュメンタリー
다행이다	幸いだ
단맛	甘味
닫다	閉める
달다	甘い

달라지다	変わる	마지막	最後(に)	미리	予め、前もって
답	返事、答え	만	だけ	미안하다	すまない
당근	人参	만나다	会う	믿다	信じる
대단하다	立派だ、すごい	만두	餃子		
대여 요금	レンタル料	만들다	作る	**ㅂ**	
대추차	ナツメ茶	많다	多い		
대표적인	代表的な	많이	たくさん、多く	바람	風
대학생	大学生	말	話、言葉	바쁘다	忙しい
댄스	ダンス	말수	口数	바이올린	バイオリン
더럽다	汚い	말을 걸다	声をかける	박물관	博物館
덕분에	お陰様で	말이 많다	おしゃべりだ	밖	外、外側
덥다	暑い	맑다	晴れる	반갑다	懐かしい、嬉しい
도01	～も(添加)	맑음	晴れ	반대로	反対に
도02	度	맛	味	반려동물	ペット
도시락	お弁当	맛있다	おいしい	반창고	絆創膏
도와주다	手伝う、助ける	망치다	台無しにする	받다	もらう、受け取る
도착	到着	맞다	合う	배우	俳優
돈	お金	매년	毎年	배우다	習う、学ぶ
돌아가다	帰る、帰って行く	매일	毎日	버스	バス
돌아오다	帰る、帰って来る	맵다	辛い	벌다	稼ぐ
돕다	手伝う、助ける	머리	頭、髪	법	方法、やり方
동생	弟・妹	머리를 감다	髪を洗う	벤치	ベンチ
동아리	部活、サークル	먹다	食べる	별로	あまり、それほど
뒤	後ろ	먼저	まず、先に	병아리	ひよこ
드라이브	ドライブ	멀다	遠い	보내다	送る
드시다	召し上がる	멈추다	止まる	보다	見る
듣다	聴く	멍	あざ	보통	普通
들다	持つ、持ち上げる	멍이 들다	あざができる	복습하다	復習
들어가다	入る、入って行く	면세점	免税店	복잡하다	複雑だ、混む
들어오다	入る、入って来る	명곡	名曲	볼펜	ボールペン
디즈니랜드	ディズニーランド	명절	祝祭日	부동산	不動産
따다	取る、もぎ取る	모두	皆	부딪치다	ぶつかる
떠나다	去る、離れる	모르다	知らない、分からない	부러지다	折れる
떡갈비	トックカルビ料理名	목소리	声	부르다01	歌う
또	また	목욕하다	お風呂に入る	부르다02	呼ぶ
똑똑하다	頭が良い	못하다	下手だ	부모님	親、両親
뜨겁다	熱い	무겁다	重い	부채	扇子、うちわ
		무섭다	怖い	부탁하다	願う、頼む
ㄹ		무슨	何の、どんな	분	分
		무엇	何	붇다	ふやける
라고	と	문화	文化	불다	吹く
로01	で(手段道具)	묻다	尋ねる	붓다01	注ぐ
로02	として(資格役割)	묻다01	埋める	붓다02	腫れる
를	を(動作の対象)	묻다02	尋ねる	붕대	包帯
		물	水	붕대를 매다	包帯を巻く
ㅁ		물가	物価	붙이다	貼る
		물다	噛む	비	雨
마라톤대회	マラソン大会	물어보다	尋ねる	비가 오다	雨が降る
마스크팩	マスクパック	미끄럼틀	滑り台	비교하다	比べる、比較する
마시다	飲む			비빔밥	ビビンバ
마음	心、気持ち			비슷하다	似ている
마음에 들다	気に入る				

비싸다	値段が高い	숙제	宿題	안약	目薬
비율	比率	숟가락	スプーン	앉다	座る
빌리다	借りる	술	お酒	알다	知る、分かる
빚다	(餅を)作る	쉬다	休む	알려주다	知らせる、教える
빠르다	速い	쉽다	易しい	알리다	知らせる
빨래	洗濯物	스키장	スキー場	앞	前
빨리	速く	슬프다	悲しい	야간	夜間
뼈	骨	습기	湿気	야구	野球
삐다	捻る	승무원	乗務員	약사	薬剤師
		시간	時間	양력	新暦
ㅅ		시끄럽다	うるさい	양산	日傘
사고	事故	시내	市内	어디	どこ
사과	リンゴ	시시하다	つまらない、しょぼい	어떻게	どうやって
사귀다	付き合う	시작되다	始まる	어렵다	難しい
사다	買う	시키다	させる	어렸을 때	子どもの時
사실은	実は	시합	試合	어머니	母
사용	使用	시험	試験	어울리다	似合う、相応しい
사이	間	시험을 보다	試験を受ける	어제	昨日
사이즈	サイズ	시험하다	試す	어제께	昨日
사이트	サイト	식다	冷める	어젯밤	昨夜
사인펜	サインペン	신나게	楽しげに	어학연수	語学研修
사진	写真	신다	履く	언니	(妹から見た)姉
살다	住む、暮らす、生きる	신문	新聞	언제든지	いつでも
상처	傷	신분증	身分証	얼굴	顔
새 학기	新学期	신호등	信号機	얼마나	どれくらい
새로	新しく、新たに	싣다	載せる、積む	에	に(位置・時点)
생각	考え、思い	싫다	嫌う	에게	へ(授与の対象者)
생강차	生姜茶	심리테스트	心理テスト	에서	で(動作が行われる場所)
샤프	シャープペンシル	싸다	安い	에어컨을 켜다	
서두르다	急ぐ	싸우다	献花する		クーラーをつける
서랍	引き出し	쓰다01	使う	여권	パスポート
섞다	混ぜる	쓰다02	書く	여기저기	あちこち
선물	プレゼント	쓰다03	苦い	여러 나라	色々な国
선배	先輩			역	駅
선생님	先生	**ㅇ**		역시	やはり
선선하다	涼しい	아기	赤ちゃん	연락	連絡
설	お正月	아나운서	アナウンサー	연말	年末
설탕	砂糖	아니요	いいえ	연습	練習
세계	世界	아래	下	연주	演奏
세다	数える	아르바이트	アルバイト	연주회	演奏会
세수하다	顔を洗う	아름답다	美しい	연필	鉛筆
세트	セット	아마	たぶん、恐らく	연휴	連休
소개	紹介	아버지	父	열다	開ける
소설책	小説の本	아이돌	アイドル	열쇠	鍵
속도	速度	아주	とても	열심히	一生懸命に
손수건	ハンカチ	아직	まだ	영국	イギリス
쇠다	(祭日を迎えて)祝う	아침	朝	영국 사람	イギリスの人
수술	手術	안	中、内側	영국인	イギリス人
수저	スプーン(と箸)	안경	眼鏡	영상 통화	ビデオ電話
수첩	手帳	안심	安心		

영어	英語
영화	映画
옆	横, 傍, 隣
예쁘다	可愛い
예정	予定
오늘	今日
오다	来る
오랜만에	久々に
오르다	上がる, 登る
오른쪽	右, 右側
오후	午後
온천	温泉
올리다	上げる, 載せる
옷	服
와	と(対等接続共同)
왼쪽	左, 左側
요가	ヨガ
요리사	料理人
요리하다	料理する
요즘	最近, この頃
우산	傘, 雨傘
운동	運動
운동회	運動会
운전면허	運転免許
울다	泣く
웃다	笑う
원	ウォン
원룸	ワンルーム
원인	原因
원하다	願う, 望む, 希望する
웬일이다	どういうことだ
위	上
유명하다	有名だ
유적	遺跡
유튜브	ユーチューブ
육회	ユッケ
으로01	で(手段・道具)
으로02	として(資格・役割)
은	は(話題・対照)
을	を(動作の対象)
음력	旧暦
음식	食べ物, 料理
음식점	飲食店
음악	音楽
의견	意見
의사	医者
의상	衣装
이것	これ
이것저것	あれこれ

이라고	と
이르다	早い
이번	今度, 今回
이야기하다	話す
이유	理由
익숙하다	馴染んでいる, 慣れている
인기	人気
인사하다	挨拶する
일기예보	天気予報
일본	日本
일본 사람	日本の人
일본인	日本人
일어나다	起きる, 起こる
일어서다	立ち上がる
일찍	早めに, 早く
일하다	仕事をする, 働く
읽다	読む
입다	着る
잇다	繋ぐ, 継ぐ
있다	ある, いる
잊다	忘れる

ㅈ

자다	寝る
자동차	自動車
자르다	切る
자리	席
자전거	自転車
자주	よく, 頻繁に
작곡가	作曲家
작다	小さい
작성자	作成者
잘	よろしく, よく
잠깐	ちょっと
장거리 연애	遠距離恋愛
재미있다	面白い, 楽しい
저	私(謙譲語)
저것	あれ
저희	私たち
전라북도	全羅北道(地名)
전주	全州(地名)
전통	伝統
전화하다	電話する
젊은이	若者
젓가락	箸
젓다	かき混ぜる, 漕ぐ
정도	程度, くらい
정말	本当に
정하다	決める, 定める

제	私の(謙譲語)
조각	ピース
조건	条件
조금	少し
조미료	調味料
조심하다	気を付ける, 注意する
조용히	静かに
종이	紙
좋다	良い
좋아하다	好きだ
주다	あげる, くれる
주말	週末
주문하다	注文する
주부	主婦
주인	オーナー
주택	住宅
준비	準備, 用意
줄	行列
줍다	拾う
중국	中国
중국 사람	中国の人
중국요리	中華料理
중국인	中国人
중학생	中学生
즉석에서	即座で
즐겁다	楽しい
즐기다	楽しむ
지각하다	遅刻する
지갑	財布
지금	今
지난번(에)	この前, この間
지면	地面
지우개	消しゴム
직접	直接(に)
진짜	本当, 本物
진찰하다	診察する
질문하다	質問する
짐	荷物
집	家
짓다01	建てる
짓다02	炊く
짧다	短い
쯤	くらい, 程度
찍다	撮る

ㅊ

차01	お茶
차02	車
차갑다	冷たい

착하다	良い、善良だ	파인애플	パインアップル	힘들다	大変だ
참다	我慢する	팔다	売る		
찾다01	探す	팝송	ポップソング		
찾다02	(お金を)引き出す	편리하다	便利だ		
채널	チャンネル	평면도	平面図		
책	本	평소	普段		
처럼	〜のように	평일	平日		
처음	初めて、最初	푹 쉬다	ゆっくり休む		
최고	最高	프로그래머	プログラマー		
최저	最低	피	血		
추석	中秋節	피가 나다	血が出る		
출발하다	出発する	피곤하다	疲れている		
춥다	寒い	필통	筆箱		

ㅎ

하다	言う、する
학기	学期
학생	学生
학원	塾
한	約
한국	韓国
한국인	韓国人
한글	ハングル
한번	一度、一回
한복	韓服
한옥마을	韓屋村
할머니	おばあさん
할아버지	おじいさん
핫하다	ホットだ、いけている
행사	行事
헤어지다	別れる
현재	現在
형	(弟から見た)兄
혹시	もしかして
화장품	化粧品
확인하다	確認する
확장하다	拡張する
환자	患者
활기	活気
회복	回復
회사원	会社員
후배	後輩
훨씬	ずっと、はるかに
휴대전화	携帯電話
휴지통	ゴミ箱
흐르다	流れる
흐리다	曇る
흐림	曇り
흔들다	揺らす、振る
희다	白い

以下は中央の列：

취미	趣味
취소하다	取り消す
취향	好み、趣向
치료	治療
치료하다	治療する
친구	友達、友人

ㅋ

카페	カフェ
캐나다	カナダ
캠프	キャップ
케이크	ケーキ
케이팝	K-ポップ
켜다	(テレビなどを)つける
코미디	コメディー
콩나물	豆もやし
크리스마스	クリスマス
키우다	飼う、育てる
키위	キウイ

ㅌ

타다	乗る
탄수화물	炭水化物
태풍	台風
택시	タクシー
테이블	テーブル
텐트를 치	テントを張る
토마토	トマト
토요일	土曜日
튀기다	揚げる
트렁크	トランク
특히	特に
틀다	(テレビなどを)付ける
티슈	ティッシュ

ㅍ

파랗다	青い

金秀晶(キム　スジョン)

ソウル大学国語教育科卒業、同大学大学院国語教育学修士・博士課程修了。
教育学博士。
現在、獨協大学国際教養学部教授。
『もう初級者なんて言わせない韓国語：中級から上級編』(白帝社, 2021)、
『韓国語コミュニケーションレシピ(初級)』(博英社, 2023)

朴鍾厚(パク　ジョンフ)

延世大学校人文学部卒業、同大学大学院国語国文学科修士・博士課程修了。
文学博士。
現在、同志社大学グローバル地域文化学部准教授。
『もう初級者なんて言わせない韓国語：中級から上級編』(白帝社, 2021)、
『コツコツ知ろう韓国の社会と文化』(博英社, 2022)、『コツコツ覚えよう初級
韓国語学習用語彙2000』(博英社, 2022)、『韓国語コミュニケーションレシピ
(初級)』(博英社, 2023)

もうできないなんて言わせない韓国語
－初級から中級編－

2023 年 4 月 10 日　初版発行
2024 年 3 月 25 日　2刷発行

著　者　金秀晶・朴鍾厚
発行者　佐藤和幸
発行所　株式会社　白 帝 社
　　　　〒 171-0014 東京都豊島区池袋 2-65-1
　　　　電話 03-3986-3271　FAX 03-3986-3272
　　　　https://www.hakuteisha.co.jp
組版・表紙デザイン　崔貞姫
印刷・製本　大倉印刷

Printed in Japan〈検印省略〉　　ISBN978-4-86398-560-5
　　　　　　　　　　　　　＊定価は表紙に表示してあります。